Renate Schwebach (Hg.)

Fröhlich sein, Gutes tun und die Spatzen pfeifen lassen

Renate Schwebach (Hg.)

Fröhlich sein, Gutes tun und die Spatzen pfeifen lassen

Ein (Vor-)Lesebuch

Kaufmann Verlag

Bibliografische Information Der Deutschen Bibliothek

Die Deutsche Bibliothek verzeichnet diese Publikation in der Deutschen
Nationalbibliografie; detaillierte bibliografische Daten sind im Internet
über http://dnb.ddb.de abrufbar.

1. Auflage 2011
© 2011 Verlag Ernst Kaufmann, Lahr
Umschlagabbildung: © Uschi Hering, Fotolia
Druck und Bindung: CPI books, Ulm
ISBN 978-3-7806-3106-0

Inhaltsverzeichnis

„Witz ist Schadenfreude mit gutem Gewissen" – Über sich und andere lachen

„Niemals verdirbt jemand mit fröhlichem
Herzen" – Humor ist Medizin für alle
Gemütskrankheiten

Vorwort:
Dem Leben ins Gesicht lachen

„Nichts in der Welt ist so ansteckend wie Geläch-
ter und gute Laune", meint Charles Dickens, der
große englische Dichter. Das habe ich tatsächlich
schon oft beobachtet. Es fängt mit einem Lächeln
an. Nehmen Sie einen Ort, an dem viele Menschen
zusammenkommen, die sich eigentlich fremd sind:
ein Bus, eine S-Bahn, eine Wartehalle am Flughafen
oder beim Arzt. Schauen Sie einmal, was passiert,
wenn einer einen anderen anlächelt – vielleicht weil
er ihm die Zeitung gereicht, etwas aufgehoben hat,
was ihm heruntergefallen ist, oder einfach nur so,
weil sich die Blicke treffen. Der andere wird zu-
rücklächeln. Plötzlich und für einen Augenblick ist
die Fremdheit vergessen und man spürt etwas wie
Gemeinsamkeit.

Das gilt nicht nur für das Lächeln, sondern gerade auch für das Lachen. Ist Ihnen schon einmal
aufgefallen, dass nichts – außer vielleicht Gähnen –
so ansteckend ist wie das Lachen? Wenn Sie bei-
spielsweise mit dem Bus oder der Bahn unterwegs
sind und neben Ihnen lacht jemand aus vollem
Hals, dann müssen Sie gar nicht unbedingt wissen,
was ihn so amüsiert – Sie werden sehr wahrscheinlich irgendwann einfach mitlachen. Und so entsteht
zwischen eigentlich fremden Menschen auf einmal
so etwas wie Vertrautheit, weil Sie mit dem anderen

das Gefühl verbindet, etwas geteilt zu haben: das Lachen.

Sicher ist das Leben alles andere als ein Witz, und jeder Tag ist angefüllt mit unserem ganz persönlichen „Ernst des Lebens". Aber gerade deshalb spürt man, dass das Lachen, wie das Sprichwort sagt, tatsächlich gesund ist. Es ist sozusagen der „Pfeifenputzer für die Seele" und fegt zumindest für den Augenblick alles Dunkle einfach beiseite. Es bringt unsere Muskeln in Schwung und entspannt, es hilft uns, manches Schwere leichter zu nehmen – und seien das nur wir selbst.

Mögen die folgenden Texte für Sie eine Art „Apothekerschränkchen" sein, das für Sie die richtige Medizin bereithält, um die „Schrammen" und Ernsthaftigkeiten des Alltags zu lindern, indem es Ihnen ein Lachen schenkt.

Renate Schwebach, Sommer 2010

„Ich bin so knallvergnügt erwacht" – Ein bisschen Unsinn macht glücklich

Kennen Sie das? Es ist, als schösse einem die pure Lebensfreude ins Herz und man schafft es kaum noch, die Glieder stillzuhalten. Plötzlich pulst einem die Lust in den Adern, Purzelbäume zu schlagen, laut loszulachen, sich auf den Boden zu werfen und einen Abhang herunterzukugeln oder sich sonst wie albern zu benehmen.

Als Erwachsener ist man völlig darauf getrimmt, genau das eben nicht zu tun. Kinder kennen diese Einschränkung nicht, sie machen einfach, wonach ihnen gerade ist. Dass das nicht immer für alle komisch ist, die daran beteiligt sind, davon können Ihnen manche Eltern ein Lied singen (siehe unten: Text von Axel Hacke).

Ich meine damit auch sicher nicht, dass Sie nun bei der nächsten wichtigen Sitzung einfach laut loslachen, wenn Ihr Vorgesetzter oder die Sitzungsleitende Ihnen erklärt, was er oder sie als Nächstes von Ihnen erwartet, oder dass Sie sich beim Sonntagsspaziergang tatsächlich einen Abhang hinunterkugeln sollen.

Ich möchte Ihnen eher eine Einladung überreichen, sich wieder dem Kindlichen, dem Spielerischen zu öffnen. Oft sind wir als Erwachsene so sehr auf Effizienz getrimmt und darauf, in jeder Situation das Vernünftige zu tun, dass für das Absichtslose, das Spiel, die Lust am Zweckfreien kein Platz mehr ist. Wir wissen gar nicht mehr, wie Unsinn geht.

Mit den folgenden Texten möchte ich Sie einladen, diese Lust am Unsinn wiederzuentdecken, oder, um es mit dem berühmten Dichter Horaz zu sagen: „Mische ein bisschen Torheit in dein ernsthaftes Tun und Trachten! Albernheiten im rechten Moment sind etwas ganz Köstliches."

Morgenwonne

Ich bin so knallvergnügt erwacht.
Ich klatsche meine Hüften.
Das Wasser lockt. Die Seife lacht.
Es dürstet mich nach Lüften.

Ein schmuckes Laken macht einen Knicks
und gratuliert mir zum Baden.
Zwei schwarze Schuhe in blankem Wichs
betiteln mich „Euer Gnaden".
Aus meiner tiefsten Seele zieht

mit Nasenflügelbeben
ein ungeheurer Appetit
nach Frühstück und nach Leben.

Joachim Ringelnatz

Erfüllte Wünsche

Ein Wanderer setzte sich nach einem heißen Tag
unter einen Baum und wollte kurz ausruhen.

„Hach, wäre das toll, wenn ich jetzt etwas Kaltes
zum Trinken hätte", dachte er. Es machte Schwupps
– und eine große beschlagene Karaffe mit kristall-
klarem Wasser stand neben ihm. „Das ist ja toll!",
dachte er, „aber etwas zu essen dazu wäre auch

nicht schlecht." Wieder machte es Schwupps – und neben ihm stand ein Tisch, auf dem sich all seine Lieblingsspeisen türmten. „So was!", dachte der Wanderer und wünschte sich noch einen Sessel, bequeme Schuhe und was ihm zu seiner Erholung noch so einfiel. Alle seine Wünsche wurden erfüllt.

Am Schluss wünschte er sich noch ein weiches Bett, in das er sich sogleich fallen ließ. Und beim Einschlafen dachte er noch: „Wenn jetzt ein Löwe käme ..."

Traditionelle Erzählung

Der Zwölf-Elf

Der Zwölf-Elf hebt die linke Hand,
da schlägt es Mitternacht im Land.

Es lauscht der Teich mit offnem Mund.
Ganz leise heult der Schluchtenhund.

Die Dommel reckt sich auf im Rohr.
Der Moosfrosch lugt aus seinem Moor.

Der Schneck horcht auf in seinem Haus,
desgleichen die Kartoffelmaus.

Das Irrlicht selbst macht Halt und Rast
auf einem windgebrochnen Ast.

Sophie, die Maid, hat ein Gesicht:
Das Mondschaf geht zum Hochgericht.

Die Galgenbrüder wehn im Wind.
Im fernen Dorfe schreit ein Kind.

Zwei Maulwürf küssen sich zur Stund
als Neuvermählte auf den Mund.

Hingegen tief im finstern Wald
ein Nachtmahr seine Fäuste ballt,

dieweil ein später Wanderstrumpf
sich nicht verlief in Teich und Sumpf.

Der Rabe Ralf ruft schaurig: „Krah!
Das End ist da! Das End ist da!"

Der Zwölf-Elf senkt die linke Hand,
und wieder schläft das ganze Land.

Christian Morgenstern

Praktisches Wissen

Ein Professor für Raumfahrt und sein Assistent hatten einmal die Idee, zusammen ein Wochenende durch die Natur zu wandern und zu zelten, um dem Himmel ein bisschen näher zu sein. Sie verbrachten einen wundervollen Tag in der freien Natur und wanderten durch hügelreiche Landschaft.

Als es dämmerte, stellten sie ihr Zelt auf und kochten sich ein köstliches Mahl über dem Feuer. Nachdem sie alles aufgegessen hatten, fielen sie beide müde in den Schlaf.

Sehr früh in der Nacht wachte der Professor auf, grunzte etwas und weckte seinen Assistenten mit einem leichten Stoß in die Rippen.

„He", sagte er. „Öffne schnell die Augen und schau hinauf zum Himmel. Was siehst du?"

Der Assistent erwachte schlaftrunken.

„Ich sehe Sterne, Professor", antwortete er. „Unendlich viele Sterne."

„Und was sagt dir das?", fragte der Professor.

Der Assistent dachte einen Augenblick nach.

„Tja, das sagt mir, dass dort draußen ungezählte Sterne und Galaxien sind und wahrscheinlich Tausende von Planeten. Ich nehme deshalb an, dass doch eine ganze Menge gegen die Theorie spricht, dass wir allein im Universum sind. Ich schau hinauf in den Himmel und fühle mich demütig angesichts dieser unendlichen Weiten. Und was sagt es Ihnen?"

„Dass du ein Narr bist!", rief der Professor. „Mir
sagt es, dass jemand unser Zelt gestohlen hat!"

Traditionelle Erzählung

Das ästhetische Wiesel

Ein Wiesel
saß auf einem Kiesel
inmitten Bachgeriesel.

Wisst ihr
weshalb?

Das Mondkalb
verriet es mir
im Stillen:

Das raffinierte Tier
tat's um des Reimes willen.

Christian Morgenstern

Die Meditation

Vier Mönche hatten sich verabredet, eine Nacht in
Meditation und Stille zu verbringen. Sie wollten

also dabei auch schweigen und nahmen sich gegenseitig das Gelübde ab, dieses Schweigen bis zum Morgengrauen einzuhalten.

Sie hatten sich zur Meditation die Abteikirche ausgesucht, und damit sie nicht irgendwann in völliger Finsternis sitzen würden, hatten sie einen Novizen beauftragt, über die Kerzen in der Kirche zu wachen, dass sie nicht ausgingen und nicht völlig niederbrannten.

Als sie nun eine Weile in ihrer Meditation gesessen hatten und schwiegen, brannten die Kerzen tatsächlich herunter und drohten auszugehen, weil der Novize einfach die Augen nicht offenhalten konnte in dieser Stille und Dunkelheit.

Der erste Mönch versuchte, den Novizen mit Winken und anderen Gesten auf sich aufmerksam zu machen. Er wollte ihm bedeuten, dass er seiner Pflicht nachkommen sollte. Als das alles nichts nützte, rief der Mönch laut: „Heda! Wie ist es jetzt mit deiner Pflicht? Kannst du nicht auf die Kerzen achtgeben?" Da sagte der zweite Mönch: „Du darfst nicht reden, jetzt hast du unser Gelübte gebrochen!" Und der Dritte maulte: „Wenn ihr hier so einen Krach veranstaltet, dann soll hier mal jemand in Ruhe meditieren können!"

Schließlich grinste der Vierte über das ganze Gesicht und sagte: „Jetzt bin ich doch tatsächlich der Einzige, der sich an unser Gelübde gehalten hat!"

Traditionelle Erzählung

Der General und sein Hemd

Es wollte der Herr General
ein Unterhemd belohnen,
und er befahl dem Wäscheschrank,
dem Festakt beizuwohnen!
Es traten zum Appelle an
der Hemden bunte Scharen –
mit Ausnahme derjenigen
die grade schmutzig waren!

Er sprach: „Ich will heut eines Hemdes
Dienste anerkennen
und dieses tapfre Unterhemd
zum Oberhemd ernennen!
Ich hab's getragen sieben Jahr,
ich will's nicht tragen länger.
Es wurde mir ein guter Freund,
jedoch am Bauche enger!"

Er steckte ihm den Orden an
vom „Hemdenband mit Schnalle"!
Die Hemden riefen, was man ruft
dreimal in solchem Falle:
„Hurra! Hurra!" und nochmals „Rra!"
Das Oberhemd sprach: „Danke!"
Und dann verschwand's im höheren
Regal vom Wäscheschranke!

Heinz Erhardt

Der Tanz

Ein Vierviertelschwein und eine Auftakteule
trafen sich im Schatten einer Säule,
die im Geiste ihres Schöpfers stand.
Und zum Spiel der Fiedelbogenpflanze
reichten sich die zwei zum Tanze
Fuß und Hand.

Und auf seinen dreien rosa Beinen
hüpfte das Vierviertelschwein graziös,
und die Auftakteul' auf ihrem einen
wiegte rhythmisch ihr Gekrös.
Und der Schatten fiel,
und der Pflanze Spiel
klang verwirrend melodiös.

Doch des Schöpfers Hirn war nicht von Eisen,
und die Säule schwand, wie sie gekommen war;
und so musste denn auch unser Paar
wieder in sein Nichts zurücke reisen.
Einen letzten Strich
tat der Geigerich –
und dann war nichts weiter zu beweisen.

Christian Morgenstern

Die Made

Hinter eines Baumes Rinde
wohnt die Made mit dem Kinde.

Sie ist Witwe, denn der Gatte,
den sie hatte, fiel vom Blatte.
Diente so auf diese Weise
einer Ameise als Speise.

Eines Morgens sprach die Made:
„Liebes Kind, ich sehe grade,
drüben gibt es frischen Kohl,
den ich hol. So leb denn wohl!
Halt, noch eins! Denk, was geschah,
geh nicht aus, denk an Papa!"

Also sprach sie und entwich. –
Made junior aber schlich
hinterdrein; und das war schlecht!
Denn schon kam ein bunter Specht
und verschlang die kleine fade
Made ohne Gnade. Schade!

Hinter eines Baumes Rinde
ruft die Made nach dem Kinde ...

Heinz Erhardt

Kindergebetchen

Erstes
Lieber Gott, ich liege
Im Bett. Ich weiß, ich wiege
Seit gestern fünfunddreißig Pfund.
Halte Pa und Ma gesund.
Ich bin ein armes Zwiebelchen,
Nimm mir das nicht übelchen.

Zweites
Lieber Gott, recht gute Nacht.
Ich hab noch schnell Pipi gemacht,
Damit ich von dir träume.
Ich stelle mir den Himmel vor
Wie hinterm Brandenburger Tor
Die Lindenbäume.
Nimm meine Worte freundlich hin,
Weil ich schon sehr erwachsen bin.

Drittes
Lieber Gott mit Christussohn,
Ach schenk mir doch ein Grammophon.
Ich bin ein ungezognes Kind,
Weil meine Eltern Säufer sind.
Verzeih mir, dass ich gähne.
Beschütze mich in aller Not,
Mach meine Eltern noch nicht tot,
Und schenk der Oma Zähne.

Joachim Ringelnatz

„Humor ist, wenn man trotzdem lacht" – Den Widrigkeiten und Fragen des Lebens mit Gelassenheit begegnen

Manchmal scheint sich alles gegen uns verschworen zu haben. Wir fühlen uns, als hätte uns irgendwer als Testperson für „Murphys Law" ausgesucht, und tatsächlich kommt alles genauso schlimm, wie wir es im ärgsten Fall erwartet haben.

„Der Humor nimmt die Welt hin, wie sie ist, sucht sie nicht zu verbessern und zu belehren, sondern mit Weisheit zu ertragen", sagte Charles Dickens. Es wird also nichts ändern, wenn ich darüber lache, dass mir das Glas auf den Boden gefallen ist und mir eine Scherbe im Fuß steckt, dass ich ein rotes T-Shirt in der weißen Wäsche hatte und nun Besitzer einer Kollektion von rosa Wäsche bin, die ich mir sicher niemals gekauft hätte. Es wird auch nichts daran ändern, dass mir heute beim Abbiegen dieser selbstgerechte und blasierte Sportwagenfahrer in die Seite geknallt ist, der dann noch dazu behauptete, ich sei schuld, weil er doch viel schneller gewesen sei als ich, obwohl ich Vorfahrt hatte. Und es wird auch den Streit mit meinem Partner heute Morgen beim Sonntagsfrühstück nicht rückgängig machen, bei dem wir uns die Köpfe über ein zu lang gekochtes Frühstücksei eingerannt haben und seitdem wir kein Wort mehr miteinander gesprochen haben.

Aber vielleicht können die folgenden Texte helfen, das alles nicht ganz so bierernst zu nehmen, bei der einen oder anderen Gelegenheit zwei Augen zuzudrücken und vielleicht auch über sich selbst ein bisschen lachen zu können. Das befreit – und macht den Weg frei, dem anderen und dem Leben von Neuem die Hand zu reichen.

Das Geheimnis des Glücks

Zu Nasrudin kam einer und stellte ihm die Frage: „Was ist das Geheimnis des Glücks?"

Nasrudin überlegte eine Weile und sagte dann: „Das Geheimnis des Glücks ist ein gutes Urteilsvermögen."

„Hm", sagte der Mann. „Und wie erreiche ich, dass ich ein gutes Urteilsvermögen bekomme?"

„Durch Erfahrung", antwortete Nasrudin.

„Das verstehe ich", erwiderte der Mann „aber wie kann ich Erfahrung machen?"

„Durch ein schlechtes Urteilsvermögen", war Nasrudins lächelnde Antwort.

Traditionelle Erzählung

Sozusagen grundlos vergnügt

Ich freu mich, daß am Himmel Wolken ziehen
Und daß es regnet, hagelt, friert und schneit.
Ich freu mich auch zur grünen Jahreszeit,
Wenn Heckenrosen und Holunder blühen.
Daß Amseln flöten und daß Immen summen,
Daß Mücken stechen und daß Brummer brummen.
Daß rote Luftballons ins Blaue steigen.
Daß Spatzen schwatzen. Und daß Fische schweigen.

Ich freu mich, daß der Mond am Himmel steht.
Und daß die Sonne täglich neu aufgeht.
Daß Herbst dem Sommer folgt und Lenz dem Winter,
Gefällt mir wohl. Da steckt ein Sinn dahinter,
Wenn auch die Neunmalklugen ihn nicht sehn.
Man kann nicht alles mit dem Kopf verstehn!
Ich freue mich. Das ist des Lebens Sinn.
Ich freue mich vor allem, daß ich bin.

In mir ist alles aufgeräumt und heiter:
Die Diele blitzt. Das Feuer ist geschürt.
An solchem Tag erklettert man die Leiter,
Die von der Erde in den Himmel führt.
Da kann der Mensch, wie es ihm vorgeschrieben, –
Weil er sich selber liebt – den Nächsten lieben.
Ich freue mich, daß ich mich an das Schöne
Und an das Wunder niemals ganz gewöhne.

Daß alles so erstaunlich bleibt, und neu!
Ich freu mich, daß ich ... Daß ich mich freu.

Mascha Kaléko

Musik

Die Musik ist heutzutage
wohl der Menschheit größte Plage:
Schauervolles wird erreicht,
wenn der Mensch die Geige streicht
oder um die Abendröte
zwecklos bläst auf einer Flöte.
Und ich hege die Vermutung,
dass auch der Posaune Tutung
manchem wohl bei Tag und Nacht
keine große Freude macht.
Dieser schlägt mit viel Gebimbel
grausamlich das Klavizimbel,
jener aber gnadenlos
kneift das Cello. – Gott ist groß!
Seine Langmut ist unendlich
treibt's der Mensch auch noch so schändlich.

Heinrich Seidel

Elternängste

Liebe Mama, lieber Papa,

ich weiß, seit ich hier im Studentenwohnheim wohne, bin ich, was das Briefeschreiben angeht, sehr nachlässig. Es tut mir leid, dass ich euch nicht schon früher geschrieben habe. Nun will ich euch aber auf den neuesten Stand bringen. Bevor ihr nun anfangt zu lesen, nehmt euch bitte einen Stuhl. Nicht weiterlesen, bevor ihr euch gesetzt habt, okay?

Also, inzwischen geht es mir wieder einigermaßen gut. Die Kopfverletzungen und die Gehirnerschütterung, die ich mir zugezogen hatte, als ich wegen eines Feuers aus dem Fenster des Wohnheims gesprungen bin, sind einigermaßen ausgeheilt. Ich war nur zwei Wochen im Krankenhaus und kann schon fast wieder normal sehen. Nur noch einmal am Tag habe ich diese wahnsinnigen Kopfschmerzen, aber die Ärzte sagen, das geht im Lauf des nächsten Jahres vielleicht auch wieder weg.

Zum Glück hatte der Tankwart von gegenüber das Feuer im Wohnheim und meinen Sprung aus dem Fenster gesehen. Er rief die Feuerwehr und den Krankenwagen. Da das Wohnheim völlig abgebrannt ist und ich nicht wusste wo ich jetzt bleiben soll, hat er mir netterweise angeboten, bei ihm zu wohnen. Eigentlich ist es nur ein Zimmer, aber es ist doch recht gemütlich. Es ist ein wirklich netter junger Mann. Wir lieben uns sehr und haben

vor zu heiraten. Wir wissen noch nicht genau wann,
aber es wäre gut, wenn wir das bald tun könnten,
damit man nicht sieht, dass ich schwanger bin. Ja,
Mama und Papa, ich bin schwanger. Ich weiß, wie
sehr ihr euch freut, bald Oma und Opa zu werden –
und ich weiß, ihr werdet mein Kind genauso lieben
wie mich. Jetzt, wo ihr in Rente seid, habt ihr sicher
auch Zeit, euch um den kleinen Menschen zu küm-
mern, als wäre es euer eigenes. Ihr werdet sicher
auch meinen Freund mit offenen Armen in unserer
Familie empfangen. Er ist nett und ehrgeizig, wenn
er auch keine besonders gute schulische Bildung
hat. Und dass er eine andere Hautfarbe und Reli-
gion hat als wir, wird euch sicherlich nicht stören,
ihr seid ja immer offen gewesen und habt für die
Gleichheit aller Menschen gekämpft.

Jetzt, da ich euch das Wichtigste erzählt habe,
möchte ich euch sagen, dass es im Wohnheim nicht
gebrannt hat, ich keine Kopfverletzungen und keine Gehirnerschütterung hatte, ich nicht im Krankenhaus war, ich nicht schwanger bin und nicht
verlobt bin und auch keinen Freund habe.

Allerdings werde ich wohl in diesem Jahr durch-
fallen, weil ich in den Klausuren zweimal eine Fünf
geschrieben habe, und ich möchte, dass ihr diese
Noten in der richtigen Relation seht!

Eure Tochter Ellen

Unbekannter Verfasser

Löwenzahn

Ein Mann beschloss, einen Garten anzulegen. Also bereitete er den Boden vor und streute den Samen wunderschöner Blumen aus.

Als die Saat aufging, wuchs neben den Blumen auch der Löwenzahn. Der Mann versuchte mit allen Mitteln, den Löwenzahn zu vernichten. Es half aber alles nichts, und so reiste er in die Hauptstadt, weil er gehört hatte, dass der Hofgärtner des Königs auf alle Probleme im Garten eine Antwort hatte.

Als er dort ankam, erzählte er dem weisen, alten Gärtner, wie es um den Löwenzahn in seinem Garten stand. Und der Gärtner, der schon so manchen Park angelegt hatte, nannte ihm bald diese, bald jene Methode, wie er den Löwenzahn loswerden könnte. Aber das hatte der Mann alles schon selbst probiert.

So saßen die beiden eine Zeit lang schweigend da, bis der Gärtner den ratlosen Mann schmunzelnd anschaute und sagte: „Wenn denn alles, was ich dir vorgeschlagen habe, nichts genützt hat, dann gibt es nur noch einen Ausweg: Lerne, den Löwenzahn zu lieben."

Nach einer Sufi-Geschichte

Perfekt

Einmal fragte ein Ehemann und Vater seinen Freund, der gerne zu Besuch kam und immer mit den Kindern spielte und sich mit seiner Frau unterhielt: „Sag mal, warum hast du eigentlich nie geheiratet und eine Familie gegründet?"

„Na ja", sagte der, „ich habe schon nach einer Frau gesucht, die ich heiraten kann. Aber ich hatte mir überlegt: Wenn ich heirate, dann muss es auch die perfekte Frau sein. Sonst kann das nichts werden."

„Ja und?", fragte der Freund.

„Ich habe überall geschaut, habe hübsche Frauen getroffen und kluge und solche, die beides waren. Aber die perfekte Frau war nicht dabei. Bis ich ihr eines Tages doch begegnete: Ich sah sie im Supermarkt vor mir an der Kasse und wusste gleich: DAS ist sie. Wir unterhielten uns auch und es war ein tolles Gespräch, ich war Feuer und Flamme und es passte für mich einfach alles."

„Ja und? Warum hast du sie nicht geheiratet?", fragte der Freund verblüfft.

„Tja, sie war leider auf der Suche nach dem perfekten Mann ..."

Traditionelle Erzählung

Vom Suchen und Finden

Ein Polizist machte eines Nachts seine letzte Runde durchs Dorf, als er auf Nasruddin stieß, der vor einer Straßenlaterne vor seinem Haus kniete und den Boden absuchte. Offensichtlich war er wohl nicht mehr ganz nüchtern.

„Was tust du denn hier so spät in der Nacht?", fragte der Polizist.

„Ach, ich hab meinen Hausschlüssel verloren und komme nicht in mein Haus", antwortete Nasruddin.

Der Polizist kniete sich zu ihm auf den Boden und half ihm beim Suchen. Sie konnten aber nichts finden.

Nach einer Weile fragte der Polizist: „Bist du dir denn ganz sicher, dass du den Schlüssel hier unter der Laterne verloren hast?"

„Nein, gar nicht. Eigentlich habe ich ihn dort hinten irgendwo unter den Büschen verloren, aber da ist es mir viel zu dunkel und zu unbequem, um zu suchen", antwortete Nasruddin.

Nach einer Sufi-Geschichte

Wahre Lügen

Es war einmal ein junger Prinz, der um die Hand einer schönen Prinzessin anhielt. Ihr Vater, der König, fand allerdings, dass er allzu anmaßend und unerfahren war und stellte ihm deshalb eine Aufgabe: Er sollte die Prinzessin erst dann heiraten, wenn er die Wahrheit gefunden hatte. Der junge Mann zog also aus, um in der Welt die Wahrheit zu suchen.

Er ritt in die entlegensten Winkel der Erde, befragte Einsiedler und Mönche, Herrscher und Weise. Er suchte in Wäldern und auf dem Meer, lugte unter Steine und sah an den Himmel. Aber die Wahrheit konnte er nirgends finden.

Das machte ihn sehr traurig, weil er die Prinzessin doch liebte und sie gerne heiraten wollte. Er war kurz davor aufzugeben, als er eines Tages bei einem Gewitter in einer dunklen Höhle Zuflucht fand.

Darin lebte eine alte Frau mit verfilzten Haaren und Warzen im Gesicht. Ihre Haut war runzelig und schlaff und hing ihr an ihren groben Knochen. Sie hatte nur faule Zähne im Mund und wenn sie sprach, stank es fürchterlich in ihrer Nähe.

Der Prinz unterhielt sich aber dennoch mit ihr und im Laufe des Gesprächs erkannte er mit jeder Antwort auf seine Fragen mehr, dass er am Ziel seiner Reise angelangt war: Diese Frau war die Wahrheit. Sie redeten die ganze Nacht und als der Sturm

sich gelegt hatte, erklärte der Prinz ihr, dass nun
seine Aufgabe erfüllt sei und er heimreiten konnte,
um seine Prinzessin zu heiraten.

„Doch nun, da ich die Wahrheit gefunden habe",
sagte er zu ihr, „was soll ich im Palast über dich
erzählen?"

Da grinste das verhutzelte alte Weib breit und
antwortete. „Sag ihnen, ich wäre jung und schön!"

Traditionelle Erzählung

Was ist die Alternative?

Ein Mann kam zum Rabbi und fragte: „Rabbi,
sag mir bitte: Was ist eine Alternative?"

Der Rabbi zögerte etwas, studierte aufmerksam
das Gesicht des Fragenden und sprach dann: „Eine
Alternative? Nun, das ist nicht so einfach. Ich will
dir ein Beispiel geben: Angenommen, nur einmal
angenommen, du hast ein Huhn. So ein Huhn
kannst du schlachten, und dann hast du eine schöne Hühnersuppe oder einen Hühnerbraten. Du
kannst allerdings auch warten, bis dein Huhn ein
Ei legt. Dann hast du ein Huhn und ein Ei."

„Aha", sagte der Fragende und ein erkennendes
Leuchten zeigte sich auf seinem Gesicht, „das ist
also eine Alternative."

„Moment, warte mal ab", sagte der Rabbi, „die

Geschichte ist noch nicht zu Ende. Nehmen wir
einmal an, du entscheidest dich fürs Eierlegen.
Dann hast du irgendwann ein Huhn und ein Ei. So
ein frisches Ei, das gibt ein schönes Frühstücksei.
Oder du kannst das Huhn natürlich auch brüten
lassen. Dann hast du irgendwann zwei Hühner."

Die Augen des Fragenden leuchteten auf: „Aha,
das ist also eine Alterna ..."

„Moment, Moment", unterbrach ihn der Rabbi.
„Die Geschichte ist noch nicht zu Ende. Nehmen
wir an, du entscheidest dich fürs Brüten. Dann hast
du also zwei Hühner und irgendwann hast du acht
Hühner und später dann sogar über 100. Wenn jemand 100 Hühner hat, dann kann er sich überlegen,
ob es nicht Zeit ist, eine Hühnerfarm zu errichten.
Bei einer Hühnerfarm gibt es nun wieder unter-
schiedliche Möglichkeiten. Ich kann natürlich so
eine Farm neben meinem Wohnhaus bauen. Das
hat gewisse Vorteile: Man ist dicht dabei, man über-
blickt alles und man hat immer die ganz frischen
Eier. Allerdings sollte man die Geruchsbelästigung
in Betracht ziehen. Die andere Möglichkeit ist, ins
nahe gelegene Flusstal zu gehen. Dort haben die
Hühner ideale Bedingungen, frisches Wasser und
saftiges Gras. Allerdings – man ist natürlich nicht
dabei. Vielleicht kommt nachts einmal der Fuchs
oder ein Marder, und eines Morgens sind alle Tiere
tot."

„Aha, das also ist ..."

„Moment, Moment", sagte der Rabbi, „nicht so schnell, denn die Geschichte ist noch nicht zu Ende. Nehmen wir mal an, du entscheidest dich für das Flusstal. Die Hühner haben ideale Bedingungen und die Farm wächst und gedeiht: 100 Hühner, 200 Hühner, 500 Hühner und schließlich über 1000 Hühner. Das wird die größte und beste Hühnerfarm weit und breit. Dann beginnt es irgendwann zu regnen. Es regnet und regnet und regnet. Das ist sehr ungewöhnlich für diese Region. Aber es regnet und hört nicht mehr auf. Das Wasser des Flusses steigt und steigt und steigt. Und schließlich überflutet das Wasser die Dämme und damit auch deine Hühnerfarm und alle Hühner sind tot."

An dieser Stelle stoppte der Rabbi unvermittelt und schwieg.

Der Mann wartete ein Weilchen und fragte dann ratlos: „Na und? Wo ist jetzt hier die Alternative?"

Der Rabbi antwortet: „Die Alternative? Enten, mein Lieber, Enten!"

Bernhard Trenkle

Lebenswichtig

Nasrudin wollte einmal einen breiten Strom überqueren. Also stieg er auf eine Fähre und schaute über das Wasser. Plötzlich stand neben ihm jemand, der schon von seinem Gehabe ziemlich aufgeblasen und arrogant tat. Er erzählte Nasrudin ungefragt, dass er ein Gelehrter sei.

Er fragte Nasrudin: „Haben Sie Astronomie studiert?"

Nasrudin sah ihn von der Seite an und antwortete: „Nein."

„Oh, da haben Sie aber einen Großteil Ihres Lebens vergeudet! Mit diesem Wissen über die Sterne kann ein Kapitän ein Schiff durch alle Meere steuern."

Der Gelehrte fragte weiter: „Haben Sie denn Meteorologie studiert?"

„Nein", antwortet Nasrudin wieder.

„Nun, dann haben Sie noch mehr Zeit Ihres Lebens verschwendet! Wer über Wind und Wetter Bescheid weiß, kann ein Schiff sicher und schnell von einem Ort zum anderen bringen."

„Haben Sie wenigstens die Meereskunde studiert?", fragte der Gelehrte mit hochgezogenen Augenbrauen.

„Nein", antwortete Nasrudin gelangweilt und schaute ins Wasser.

Mitleidig lächelnd sagte der Gelehrte: „So ein Pech für Sie! Was Sie in Ihrem Leben alles an Zeit verschwendet haben! Die Ströme zu kennen ist unerlässlich, um ein Schiff zu steuern."

Ein paar Minuten später stand Nasrudin auf, um an das andere Ende des Schiffs zu laufen. Im

Vorbeigehen fragte er den Gelehrten: „Sagen Sie: Haben Sie jemals schwimmen gelernt?"

„Nein", antwortete der Gelehrte, „für so etwas Simples hatte ich keine Zeit."

„Dann haben Sie Ihr ganzes Leben vergeudet, denn diese Fähre sinkt gerade."

Nach einer Sufi-Geschichte

Richtig fragen

In einem Kloster lebten zwei Mönche, die es einfach nicht lassen konnten, beim Beten zu rauchen. Da sie immer wieder ihr schlechtes Gewissen plagte, beschlossen sie, den Abt schriftlich nach einer Erlaubnis zu fragen. Die Antwort war verblüffend: Während der Abt dem einen das Rauchen verbot, erlaubte er es dem anderen.

„Das verstehe ich nicht", sagte der eine. „Was hast du denn dem Abt geschrieben?", fragte er seinen Freund.

„Na, ich habe ihn gefragt, ob ich beim Beten rauchen dürfe", antwortete der, dem es der Abt verboten hatte. „Und was hast du geschrieben?", fragte er den anderen, dem das Rauchen erlaubt wurde.

Da grinste der andere Mönch breit. „Ich habe den Abt gefragt, ob ich beim Rauchen beten dürfe."

Traditionelle Erzählung

Mit Gott zu Mittag essen

Es war einmal ein kleiner Junge, der wollte unbedingt Gott treffen. Er war sich sicher, dass der Weg zu dem Ort, an dem Gott lebte, ein sehr langer war. Also packte er seinen Rucksack voll mit einigen Dosen Limo und ein paar Schokoriegeln und ging los.

Er lief eine ganze Weile. Dann kam er in einen kleinen Park und sah dort eine alte Frau, die auf einer Bank saß. Sie schaute den Tauben dabei zu, die vor ihren Füßen nach Futter pickten.

Der kleine Junge setzte sich zu ihr auf die Bank und öffnete seinen Rucksack. Er wollte gerade eine Limo daraus hervorkramen, als er den hungrigen Blick der alten Frau sah. Also nahm er stattdessen einem Schokoriegel heraus und gab ihn der Frau.

Dankbar nahm sie den Riegel und lächelte ihn an. Es war ein wundervolles Lächeln! Der kleine Junge wollte dieses Lächeln noch einmal sehen und bot ihr auch eine Limo an. Die alte Frau nahm an und lächelte wieder – noch strahlender als vorher. Der kleine Junge war selig.

Die beiden saßen den ganzen Nachmittag auf der Bank im Park, aßen Schokoriegel und tranken Limo. Aber sie sprachen kein Wort.

Als es dunkel wurde, wurde dem Jungen auf einmal bewusst, wie müde er war, und er beschloss, zurück nach Hause zu gehen. Er stand auf und lief los, aber nach ein paar Schritten hielt er inne und drehte sich um. Dann ging er zurück zu der Frau und umarmte sie. Die alte Frau schenkte ihm dafür ihr allerschönstes Lächeln.

Zu Hause sah seine Mutter ihn kommen und entdeckte die Freude auf seinem Gesicht. Sie fragte ihn: „Was hast du denn heute Schönes gemacht, dass du so fröhlich aussiehst?" Der kleine Junge antwortete: „Ich habe mit Gott zu Mittag gegessen – und sie hat ein wundervolles Lächeln!"

Auch die alte Frau war nach Hause gegangen, wo ihr Sohn schon auf sie wartete. Auch er fragte sie, warum sie so fröhlich war. Und sie antwortete: „Ich habe mit Gott zu Mittag gegessen – und er ist viel jünger, als ich dachte!"

Unbekannter Verfasser

Typisch!?

Ein Mann fliegt alleine in einem Heißluftballon bei schönstem Wetter durch die Wolken und realisiert plötzlich, dass er die Orientierung verloren hat.

Er reduziert seine Höhe und erkennt schließlich einen Mann am Boden. Er lässt den Ballon noch weiter sinken und ruft dem Mann am Boden zu: „Entschuldigung, können Sie mir bitte helfen? Ich weiß nicht mehr, wo ich mich befinde."

Der Mann am Boden sagt: „Ja sicher. Sie befinden sich in ca. 15 bis 20 Meter Höhe in einem runden, gelb-rot gestreiften Heißluftballon. Ihre aktuelle Position ist zwischen 40 und 42 Grad nördlicher Breite, und zwischen 58 und 60 Grad westlicher Länge."

„Sie müssen Ingenieur sein", sagt da prompt der Ballonfahrer.

„Ja, das ist richtig", antwortet der Mann. „Woher wussten Sie das?"

„Sehen Sie", sagt der Ballonfahrer, „alles, was Sie mir eben gesagt haben, ist bestimmt technisch korrekt, aber ich habe keine Ahnung, was ich nun mit Ihren Informationen anfangen soll. Daher weiß ich immer noch nicht, wo ich nun wirklich bin."

Der Ingenieur sagt hierauf: „Sie müssen ein Manager sein."

„Ja, das bin ich", antwortet der Ballonfahrer, „und wie haben Sie das herausgefunden?"

„Also", erklärt nun der Ingenieur, „Sie wissen nicht, wo Sie momentan sind oder wohin Sie gehen. Sie haben ein Ziel definiert, von dem Sie nun keine Ahnung haben, wie Sie es erreichen können. Und nun erwarten Sie, dass ich Ihnen dieses Problem löse. Tatsache ist daher: Sie befinden sich in exakt derselben Position, in der Sie waren, bevor wir uns getroffen haben, aber irgendwie ist jetzt alles meine Schuld."

Unbekannter Verfasser

Von Katzen

Vergangnen Maitag brachte meine Katze
zur Welt sechs allerliebste kleine Kätzchen,
Maikätzchen, alle weiß mit schwarzen Schwänzchen.
Fürwahr, es war ein zierlich Wochenbettchen!
Die Köchin aber – Köchinnen sind grausam,
und Menschlichkeit wächst nicht in einer Küche –,
die wollte von den sechsen fünf ertränken,
fünf weiße, schwarzgeschwänzte Maienkätzchen
ermorden wollte dies verruchte Weib.
Ich half ihr heim! – der Himmel segne
mir meine Menschlichkeit! Die lieben Kätzchen,
sie wuchsen auf und schritten binnen kurzem
erhobnen Schwanzes über Hof und Herd;
ja, wie die Köchin auch ingrimmig dreinsah,
sie wuchsen auf, und nachts vor ihrem Fenster
probierten sie die allerliebsten Stimmchen.
Ich aber, wie ich sie so wachsen sah,
ich pries mich selbst und meine Menschlichkeit. –
Ein Jahr ist um, und Katzen sind die Kätzchen,
und Maitag ist's! – Wie soll ich es beschreiben,
das Schauspiel, das sich jetzt vor mir entfaltet!
Mein ganzes Haus, vom Keller bis zum Giebel,
ein jeder Winkel ist ein Wochenbettchen!
Hier liegt das eine, dort das andre Kätzchen,
in Schränken, Körben, unter Tisch und Treppen,
die Alte gar – nein, es ist unaussprechlich,
liegt in der Köchin jungfräulichem Bette!

Und jede, jede von den sieben Katzen
hat sieben, denkt euch! sieben junge Kätzchen,
Maikätzchen, alle weiß mit schwarzen Schwänzchen!
Die Köchin rast, ich kann der blinden Wut
nicht Schranken setzen dieses Frauenzimmers;
ersäufen will sie alle neunundvierzig!
Mir selbst, ach, mir läuft der Kopf davon –
O Menschlichkeit, wie soll ich dich bewahren!
Was fang ich an mit sechsundfünfzig Katzen! –

Theodor Storm

„Witz ist Schadenfreude mit gutem Gewissen" – Über sich und andere lachen

„Die schwierigste Turnübung ist immer noch, sich selbst auf den Arm zu nehmen", sagte Werner Finck, ein deutscher Kabarettist und Autor. Über andere zu lachen ist da oft schon sehr viel einfacher. Aber in beiden Fällen hilft es uns, mit unbequemen Artgenossen oder unseren eigenen Marotten besser umzugehen – mal liebevoll-witzig, mal etwas spitzer-satirisch, wenn man die Wahrheit denn nicht immer so laut sagen darf.

Viele Menschen haben deshalb ihre Freiheit oder sogar ihren Kopf verloren, weil sie es gewagt haben, ihre Vorgesetzten und die Mächtigen im Land „auf den Arm" zu nehmen. Und wie diese noch immer feststellen, ist der Humor dabei oft eine viel schärfere „Waffe" als die offene Konfrontation: Vor aller Welt lächerlich gemacht zu werden, ist für die meisten Mächtigen ein viel größerer Affront gegen ihre Person als angegriffen und offen kritisiert zu werden.

Wer über sich selbst und andere lachen kann, nimmt sich und die anderen nicht so schrecklich ernst, der muss nicht im Mittelpunkt stehen und verträgt es auch, dass jemand ihm einen Spiegel vorhält. Manchmal entdeckt man erst darin, wie komisch man im Grunde aussieht, wenn man so verbissen schaut.

Aber manchmal braucht es diesen Hintergrund auch gar nicht und es tut einfach nur gut, darüber zu lachen, was einem selbst oder anderen an Missgeschicken passiert ist, was man selbst oder ein anderer Unsinniges gesagt hat oder wie einer über einen anderen Menschen erzählen kann. All das finden Sie im folgenden Kapitel.

Gottvertrauen

Drei Mönche sitzen in einem Boot und angeln.

Nach einer Weile gehen dem einen Mönch die Würmer aus. Er legt seine Angel zur Seite, schaut kurz zum Himmel und dann aufs Wasser. Er zieht seine Kutte etwas hoch, steigt aus dem Boot, läuft über das Wasser zum Ufer. Dort holt er sich einige Würmer, läuft über das Wasser zurück zum Boot und angelt weiter.

Nach einer Weile gehen dem zweiten Mönch die Würmer aus. Auch er legt seine Angel zur Seite, schaut kurz zum Himmel, dann aufs Wasser, zieht seine Kutte etwas hoch, steigt aus dem Boot, läuft übers Wasser zum Ufer, holt einige Würmer, läuft über das Wasser zum Boot zurück und angelt weiter.

Etwas später gehen auch dem dritten Mönch die Würmer aus. Er legt seine Angel zur Seite, schaut kurz zum Himmel, dann aufs Wasser, zieht seine Kutte etwas hoch, steigt aus dem Boot – und versinkt wie ein Stein.

Meint der erste Mönch zum anderen: „Gottvertrauen hat er ja ..."

„Ja, das hat er", meint der andere Mönch, „aber er weiß leider nicht, wo die Pfähle stehen."

Traditionelle Erzählung

Entwicklung der Menschheit

Einst haben die Kerls auf den Bäumen gehockt
behaart und mit böser Visage.
Dann hat man sie aus dem Urwald gelockt
und die Welt asphaltiert und aufgestockt,
bis zur 30. Etage.

Da saßen sie nun, den Flöhen entflohn,
in zentralgeheizten Räumen.
Da sitzen sie nun am Telefon.
Und es herrscht noch genau derselbe Ton
wie seinerzeit auf den Bäumen.

Sie hören weit. Sie sehen fern.
Sie sind mit dem Weltall in Fühlung.
Sie putzen die Zähne. Sie atmen modern.
Die Erde ist ein gebildeter Stern
mit sehr viel Wasserspülung.
Sie schießen die Briefschaften durch ein Rohr.
Sie jagen und züchten Mikroben.
Sie versehn die Natur mit allem Komfort.
Sie fliegen steil in den Himmel empor
und bleiben zwei Wochen oben.

Was ihre Verdauung übrig lässt,
das verarbeiten sie zu Watte.
Sie spalten Atome. Sie heilen Inzest.
Und sie stellen durch Stiluntersuchungen fest,
dass Cäsar Plattfüße hatte.

So haben sie mit dem Kopf und dem Mund
den Fortschritt der Menschheit geschaffen.
Doch davon mal abgesehen und
bei Lichte betrachtet, sind sie im Grund
noch immer die alten Affen.

Erich Kästner

Harte Arbeit

Einmal ging ein Philosoph frühmorgens in der
Allee spazieren, da traf er einen Straßenfeger, der
gerade seiner Arbeit nachging.

Der Philosoph sagte zu ihm: „Ich bedaure dich.
Deine Arbeit ist hart und schmutzig und von kei-
nem angesehen."

Der Straßenfeger antwortete ihm: „Vielen Dank,
der Herr. Aber sag mir doch, welcher Arbeit du
nachgehst?"

Der Philosoph antwortete mit stolzgeschwolle-
ner Brust: „Ich studiere den Geist des Menschen,
seine Taten und sein Verlangen."

Da nahm der Straßenfeger seinen Besen, kehrte
weiter und sagte mit einem Lächeln auf dem Gesicht zum Philosophen: „Ich bedaure dich auch."

Nach Khalil Gibran

Tugend und Laster

Ach, ich fühl es! Keine Tugend
ist so recht nach meinem Sinn;
Stets befind ich mich am wohlsten,
wenn ich damit fertig bin.

Dahingegen so ein Laster,
ja, das macht mir viel Pläsier;
und ich hab die hübschen Sachen
lieber vor als hinter mir.

Wilhelm Busch

Geschmack

Leute die etwas vermögen, erwerben sich oft ein
solches. Aber je unverständlicher ein Werk ist,
desto höher bewertet man es und befreit es sogar
von der Vergnügungssteuer, wohl deshalb, weil es
dem Hörer meist kein Vergnügen bereitet, einem
solchen Werk zu lauschen.

Übrigens gibt es viel mehr traurige als fröhliche
Werke, und das ist eigentlich traurig, denn man
macht ernsthafte Dinge nicht dadurch fröhlicher,
indem man sie ernsthaft behandelt. Nur fröhliche
Dinge sind es wert, ernsthaft behandelt zu werden: Ein ernsthafter Andersdenkender wird nun

zuerst sich empört vom Sitz, dann seine Stimme und schließlich Einspruch erheben. Aber die Meinungen über Geschmack sind nun einmal schwerer unter einen Hut zu bringen als die Völker der Schweiz, die vor vielen, vielen Jahren vor einem Hut den Hut oder die Konsequenzen haben ziehen müssen. Wie dieser Wilhelm Teil, der bekanntlich in den sauren Apfel biss, indem er durch ihn hindurchschoss.

Ob nun sauer oder weniger sauer — es ist zum Schießen, wie verschieden der Geschmack ist, besonders was die Hörspiele betrifft, die ja regelmäßig wiederkehren wie die braven Hausfrauen, die auch regelmäßig wieder immer wieder kehren, bis die gute Stube glänzt wie meine Hose oder wie das wahre Glück durch Abwesenheit.

Heinz Erhardt

Tödlich vergnügt

Der alte Meister war schwer krank. Er musste das Bett hüten und seine Schüler waren in großer Sorge, dass er sterben würde.

Mit traurigen und totenbleichen Gesichtern standen sie um sein Bett herum. Der Meister aber war bester Laune und kicherte leise vor sich hin.

Da fragte ihn einer seiner Schüler: „Meister, wie

schaffst du es, im Angesicht des Todes so gelassen zu sein?"

Das Grinsen des Meisters wurde noch breiter.

„Ganz einfach: Wenn der Tod hier wirklich vorbeikommen sollte, dann stehen die Chancen gut, dass er aus Versehen einen von euch statt mich mitnimmt – bei den Gesichtern, die ihr macht!"

Traditionelle Erzählung

Geheimnisvoll

Ein besonders ungeduldiger Schüler stürmte, als er ankam, durch alle anderen Schüler, schubste sie auf Seite und rannte zum Meister nach vorne.

„Meister, so sagt mir doch: Was ist der Sinn des Lebens!", rief er atemlos.

Der Meister stand auf und war schon auf dem Weg nach draußen. Der Schüler sah ihm fassungslos nach. An der Tür drehte sich der Meister noch einmal um.

„Kannst du ein Geheimnis für dich behalten?", fragte er ihn.

„Ja, ja sicher!", antwortete der Schüler ganz gespannt und erwartungsvoll.

„Siehst du, ich auch", sagte der Meister schmunzelnd und schloss die Tür.

Nach Marco Aldinger

Relativ

Till Eulenspiegel war eines Tages zu Fuß unterwegs in die nächste Stadt. Er hatte sein Bündel geschnürt und trug es auf dem Rücken. Plötzlich hörte er schnelles und lautes Hufgetrappel hinter sich und bald darauf hielt eine Kutsche mit zwei Pferden neben ihm. Auf dem Bock saß ein verstaubter Mann, der ihn anherrschte: „Schnell, sag mir, wie weit ist es bis zur nächsten Stadt."

Till Eulenspiegel überlegte einen Moment und sagte dann: „Also: Wenn Ihr langsam fahrt, eine halbe Stunde. Wenn Ihr schnell fahrt, etwa zwei Stunden."

„Du Narr, was erzählst du mir für einen Unsinn!", sprach der Mann und knallte mit der Peitsche. „Los, ihr Gäule, ich habe keine Zeit!", rief er den Pferden zu, und schon bald war die Kutsche Till Eulenspiegels Blick entschwunden.

Till Eulenspiegel machte sich langsam wieder auf, die Straße entlangzuwandern, die viele Schlaglöcher hatte. Nach einer Stunde sah er von Weitem in der Kurve eine Kutsche im Graben liegen. Der Kutscher saß daneben und mühte sich, die gebrochene Vorderachse zu reparieren. Till Eulenspiegel erkannte den Mann, der ihn eben gefragt hatte, wie weit es noch in die nächste Stadt sei.

Als er bei der Kutsche ankam und der Kutscher ihn zornig anschaute, sagte Till nur: „Ich habe es

Euch gesagt: Wenn Ihr langsam fahrt, eine halbe
Stunde ...", und damit ging er seines Wegs.

Traditionelle Erzählung

Altes Spiel

Das Fräulein stand am Meere
Und seufzte lang und bang,
Es rührte sie so sehre
der Sonnenuntergang.

„Mein Fräulein! Sein Sie munter,
Das ist ein altes Stück;
Hier vorne geht sie unter
Und kehrt von hinten zurück."

Heinrich Heine

Feine Kinder

Meine Mutter meint, wir sollen feine Kinder werden. Bissel so wie Stadtkinder. Vor allem das Deit-
sche sollen wir besser reden lernen.

Warum solln wa nich reden wie alle, Mama?

Damit ihr besser furtkommt im Leben.

Ganzes und ganzes das Furtkommen! Wo sollen
wir denn hinkommen, Mama?

Das werd ihr denn schon sehn!

Wir haben es gesehen, wirklich, oh je, oh ja.

Sagt nicht immer nee, wenn es nein heißt, sagt
die Mutter. Sagt nicht kleene, wenn es klein heißt,
sagt nicht Beene, wenn es sich um eire Beine handelt!

Wir sind gehorsam, für eine Weile wenigstens.
Wir sagen nicht mehr Schnee, sondern Schnei, und
wir sagen auch Chaussei, und die bommligen Blüten
des Rotklees werden Kleiblüten. Meine Schwester
kommt vom Spielen herein und sagt: Mama, Leih-
manns Richard hat mir berotzt!

Es heeßt Lehmanns Richard, verbessert die
Mutter. Ich denke, es heißt nicht heeßt, sagt die
Schwester.

Die ertappte Mutter geht drüber hinweg und
sagt: Es heißt nicht berotzt, sondern es heißt: Lehmanns Richard hat mir mit Nasenschmutz bewor-
fen. Rotzen ist ein dreckiges Wort, sagt sie, sie weiß
nicht, daß auch der Herr Luther solche dreckigen

Wörter benutzte. Doktor Martin Luther – die Mutter verehrt ihn, zumindest am Reformationstage im Oktober, verehrt ihn, weil der so mehr fürs Moderne war und sich nicht hat abhalten lassen, die liebe Katharina von Bora von ihren Nonnenleiden zu erlösen und zu heiraten. Die Mutter ist nicht nur fürs Moderne, sie ist auch fürs Adrette. Sie exerziert mit meiner Schwester, wie sich eine adrette Frau die Schürzenbänder auf dem Rücken zu einem Schmetterling aufbindet, ohne in einen Spiegel zu sehen. Sie belehrt auch uns Jungen. Wenn wir uns eine Frau nehmen, sagt sie uns, sollen wir der nicht nur ins Gesicht sehen, sondern auch auf den Rücken und drauf achten, daß die Flügel ihres Schürzenband-Schmetterlings gleich lang und schön breitgezupft sind. Wenn das nicht is, denn laßt eich uff nischt ein, warnt sie uns.

Menschen, die ihre Tannenbaumkugeln mit Nußdrähten an die Baumzweige hängen, sind für meine Mutter geschmacklich unterbildet. Sie hängt Glaskugeln und Zuckerzeug an weißen Wollfäden auf.

Und Jungs, sagt sie, wenn ihr euch eene nehmt, achtet druff, daß se nähen kann, und wenn se soagt, se kann, dann beseht eich, was se genäht hat, ooch von hinten. Sind die Nähte von links hui pfui und ausgefranst, wird se eich ooch die Strümpe so stoppen, daß ihr hinkt, wenn ihr drin läuft. In Spremberg sagt man nicht lauft.

Unsere Mutter baut uns die Frauen zurecht, die
wir einst nehmen sollen. Das Mädchenhaar darf
nicht angeklatscht liegen und ranzig riechen, es
muß locker und duften, und die Unterwäsche der
Frauen muß sauber sein wie deren Sonntagsgewand.

Ja, wern se uns denn ihr Untergewand zeigen,
Mama? Se wern schon!

Meine ausgezeichnete Mutter senkt mir ein Vor-
urteil nach dem anderen in den Sinn, und dieses
oder jenes ist sogar von Nutzen, zum Beispiel, daß
ich niemand die Hand geben soll, von dem ich weiß,
daß er sich die Nase mit Daumen und Zeigefinger
schneuzt. Doch die meisten der Vorurteile gerei-
chen mir nicht zum Segen.

Sie brechen hervor, wenn ihnen Motive gelie-
fert werden, und verführen mich zu Fehlurteilen
über Mitmenschen, und erst in den Mannsjahren
erkenne ich das und rotte die Vorurteile aus, und
ich muß Langmut und ich muß Geduld und ich
muß Willenskraft aufbringen, und ich rotte die
Vorurteile aus.

Und dann die groben Ausdrücke! Die Mutter
achtet darauf, daß wir sie nicht benutzen, daß wir
keine groben Ausdrücke aus uns drücken, nicht
rötzen und nicht förzen, aber sie hat gut reden, sie
geht nicht mit uns in die Dorfschule, und sie läuft
nicht auf, wie wir auflaufen, wenn wir dort von
Hinterwind, Nasenschmutz und körperlicher Ver-
einigung reden.

Bei Gelegenheit, kündigt die Mutter an, wird sie uns Anstand beibringen und mit uns einüben, wie man sich in vornehmen Kreisen benimmt.

Bei Gelegenheit, das war für mich eine Redewendung mit der Bedeutung irgendwann einmal, vielleicht auch gar nicht. Aber die Mutter hatte es in diesem Falle eilig, und schon am nächsten Tag, da ich vom Spielen Unter Eechen hereinkomme, übt sie im Hofe unter dem Taubenschlag mit meiner Schwester und meinem Bruder Heinjak Anständiges-Kind-Sein. Sie hat die Ladenschürze abgetan, um vornehmer auszusehen, und hat ihren weißen Sonnenschirm bei sich, trägt den großen Strohhut aus ihrer Jungmädchenzeit und weiße Handschuhe, und sie schreitet damenhaft (bei uns sagt man, sie macht sich stolz) über den steinsandigen Hof dahin; sie meint, daß sie schreitet; sie weiß nicht, daß sie, ihrer Hühner-Augen wegen, hinkt. Die Dame, die meine Mutter zu sein glaubt, verliert, wie unabsichtlich, ihr Taschentuch und erwartet, daß meine Schwester oder mein Bruder es aufheben und es ihr zureichen. Aber Schwester und Bruder nehmen das Taschentuch nicht auf; sie haben gemerkt, daß die Mutter es absichtlich wegwarf. Die Mutter stützt sich enttäuscht auf ihren Sonnenschirm und erklärt, ein Kind müsse aufheben, was eine Dame verliert, und ein Kind, welches das Taschentuch aufgehoben habe, müsse es der Dame mit einem Knicks oder einem Diener hingeben.

Meine Schwester hebt das Taschentuch auf und bringt es der Mutter. Na? sagt die Mutter, na, ein Bittschön möcht ich hören! Meine Schwester lacht los, lacht und lacht, und es ist eine ihrer Gaben, daß sie so ausdauernd lachen kann, wie ein Kettenhund bellt.

Meine Mutter wütet sich, geht weiter und läßt ihren Schirm fallen, und da fängt mein Bruder an zu lachen; er denkt nicht dran, den Schirm aufzuheben. Die Mutter muß sich selber nach dem Schirm bücken, und es fällt ihr der Blumenhut vom Kopf, und da muß auch ich lachen, der ich dazukomme. Unsere Erziehung zu vornehmen Kindern wird abgebrochen. Meine Mutter geht wütend ins Haus.

Bisher traf ich keine Dame, der der Sonnenschirm entfiel, aber es ist ja möglich, daß weiße Sonnenschirme und blumenbepackte Strohhüte wieder in Mode kommen, dann werde ich den Sonnenschirm, der einer Dame entfallen sollte, aufheben, denn irgendwo muß ich gelernt haben, daß man das tut.

Erwin Strittmatter

Sommerfrische

Zupf dir ein Wölkchen aus dem Wolkenweiß
Das durch den sonnigen Himmel schreitet.
Und schmücke den Hut, der dich begleitet,
Mit einem grünen Reis.
Versteckt dich faul in der Fülle der Gräser
Weil's wohltut, weil's frommt.
Bist du ein Mundharmonikabläser
Und hast eine bei dir, dann spiel, was dir kommt.
Und lass deine Melodien lenken
Von dem freigegebenen Wolkengezupf.
Vergiss dich. Es soll dein Denken
Nicht weiter reichen als ein Grashüpferhupf.

Joachim Ringelnatz

Humor

Humor ist ein guter Stoßdämpfer,
wenn es im Leben kracht.

Humor macht viele Dinge relativ.
Was riesengroß erscheint,
wird lächerlich klein.
Was furchtbar schwer erscheint,
verliert die bedrückende Last.
Humor macht manches möglich,
was unmöglich erscheint.
Manches Ungewitter geht vorbei
ohne Donner, Blitz und Hagelschlag.

Es gibt Menschen, die niemals lachen.
Sie sehen vielmehr aus,
als ob jeden Tag die Welt unterginge.
Wir leben in einer traurigen Welt
mit viel zu vielen traurigen Menschen,
für die am Morgen die Sonne untergeht.

Ein fröhliches Gesicht –
und schon scheint die Sonne.

Phil Bosmans

Kinderlachen

Das Schönste im Elternleben sind die Gespräche mit anderen Eltern. Ich steuere an diesen Abenden gerne die Geschichte von Max bei, der uns, als wir auf der Terrasse saßen und Kaffee tranken, mit kleinen Steinen bewarf. Als ich ihm zurief, er solle endlich aufhören, flüsterte Anne ihrem Bruder so laut, dass wir es hören konnten, ins Ohr: „Mach ruhig weiter." Ich bekam einen Schreianfall, und als ich fertig war, sagte Anne: „Komm, Max, wir gehen hinters Haus und lachen."

Axel Hacke

Die Buße des Don Eufemio

Don Eufemio ging nun, nachdem der juristische Hintergrund geschaffen war, mit seiner vom Maurergeschäft kommenden, derb zupackenden Weise vor, was Clara gegenüber gar nicht nötig gewesen wäre. Er ließ sie zunächst einen Korb mit Esswaren packen und dann eröffnete er dem neugierig gewordenen Mädchen und dem ganzen Hause: „Clara soll der Annunziata ein Kind erbeten gehn von Sant' Agnello — und zwar morgen!"

Das Mädchen errötete und blickte wie zufällig Hermann Billig an. Der sagte nur: „Und ich ministriere wieder. Ja, ich werde mit wallfahren."

„Wirklich, Sie wollen mit?", fragte Don Eufemio und ließ sich betroffen die aufgesetzte Kappe
schief auf dem Kopf sitzen. Hermann nickte nur
bestimmt und sagte: „Auch wegen Ihrer Augen,
Don Eufemio!"

Am anderen Morgen fuhren sie mit der Motor-
barke hinüber nach Positano. Don Eufemio saß
zwischen den beiden, und wo sie auch gingen und
standen, nahm Don Eufemio immer denselben
Platz ein: wie der gewaltige Monte Solare, den sie
nun vom Meer her sahen, das weiblich anmutige
Capri vom herbmännlichen Anacapri scheidet, so
schieden die Schultern des Zio Prete die beiden.
Und da er gewöhnlich nicht sprach, sondern meist
in seinem Brevier las, hatten sie zunächst nur Gelegenheit, auf die Flut und die Küsten zu blicken.

Das wurde erst anders, als sie in Positano in der
Schenke saßen und ihr Abendbrot verzehrten. In
dieser kleinen Stadt am Meer wollten sie die erste
Nacht verbringen und am andern Morgen über den
Berg nach Sant' Agnello gehen. Sie waren zufällig in
eine Schenke geraten, angelockt von der sehr klei-
nen Terrasse hinter einem Hause am Ausgang des
Ortes, von wo man das Meer wie einen wundersam
stillen und zugleich bewegten blauen, unendlichen
Platz unter sich fühlte.

Hermann merkte an diesem ersten Abend, dass
die Reise – oder war es nur die Abwesenheit von

Lusinellas anklagenden Kuhaugen? – auf Don Eufemio wohltätig lockernd wirkte: Sein Appetit war
stark, sein Durst bedrohlich, sein Schmatzen bei
Tisch paradiesisch ungehemmt geworden. Wirklich, Don Eufemio bot das Bild eines glücklichen
Mannes. Soweit sich aber Hermann von dieser Reise etwas für Claras geistige Entwicklung erwartet
hatte, – dieser erste Tag blieb ohne Ergebnis. Das
junge Mädchen hatte nicht ein einziges Mal eine
gebildete Frage gestellt, bei deren Beantwortung
das Licht seiner Wissenschaft hätte aufleuchten
können. Da lag zum Beispiel bei der Überfahrt für
Stunden Neapel ganz nah und funkelnd vor ihnen.
Was hätte er nicht alles über die Geschichte dieser
uralten Stadt zu erzählen gewusst! Aber Clara war
einfach nicht der Gedanke gekommen, dass eine
solche Stadt einmal gegründet werden musste, für
sie war einfach alles da – und nur, damit sie es mit
ihrem „molto bello" schmücken konnte. Nicht einmal der Vesuv hatte ihr eine Frage entlockt. Pompe-
ji, Herculaneum, Stabiae da hätte er ihr mit Plinius'
Worten den Schrecken des Untergangs, welcher aus
diesem scheinbar lustigen, eleganten Vesuv her-
vorgebrochen war, hinmalen können. Aber nichts!
Nur die Delfine, die hatten es ihr angetan. Als er
ihr mitteilte, dass diese Fische Musik liebten, hatte
sie gelacht; aber als er ihr anschließend von dem
Sänger erzählte, der auf einem Delfin durch das
Meer geritten war, hatte sie nur den Zeigefinger hin-

und herbewegt: „Nein, nein, jetzt wollen Sie mich zum Narren halten!" Und das war doch die Stimme des Mythos – welcher, wie man gehört hatte, mit Sicherheit die Seele des Volkes erreicht. Hier hatte sich sogar Don Eufemio eingemischt und gesagt: doch, auf den Delfinen sei einer geritten, aber nicht dieser heidnische Sänger Dingsda, – sondern San Costanzo sei das gewesen.

In Positano in der Schenke war dann Don Eufemio von sich aus wieder auf die Delfine zurückgekommen. Diese Tiere seien wahrscheinlich keine richtigen Fische, belehrte er die beiden, sonst könnten sie ja nicht den Fischern, was indes allgemein bekannt sei, beim Fischen helfen und ihnen die Sardinen in die Netze treiben. „Denn kein Reich", so begründete Don Eufemio seine Behauptung, „das mit sich selbst uneins ist, kann bestehen." Hermann konnte nicht folgen und verlangte für diesen Ausspruch eine Erklärung. Aber Don Eufemio entzog ihm einfach das Wort und bewies vielmehr den beiden, dass, wenn die Delfine wirklich Fische wären, sie einen ganz gemeinen Charakter haben müssten, schlimmer als Fleischerhunde! „Und wie könnten sie dann musikalisch sein?" fragte Don Eufemio überlegen. Hermann goss dem heftig Redenden, wie übrigens schon die ganze Zeit, aufs Neue ein, und Don Eufemio fuhr fort: „Wirklich, was die Delfine angeht, da gibt es keinen Zweifel: Diese Fische sind gar keine richtigen Tiere, wie gesagt –"

„Sondern?" Hermann hatte auch dem Weine
zugesprochen und trompetete seine Frage derart
über den Tisch, dass Don Eufemio erschrocken den
Kopf hob. Schließlich trank er, tat, als prüfte er den
Wein, zog die dicken Brauen zusammen und meinte: „Mein Gott, warum reden wir nicht lieber über
Sant' Agnello? Was gehen mich diese Fische an!"

„Es sind aber doch keine Fische!", rief Hermann.
Da stand Eufemio langsam auf, kam, sich vorsich-
tig stützend, um den Tisch herum, und ging zur
Tür, er torkelte ein wenig. „Ich bin alsbald wieder
bei euch", versicherte er, und zu Hermann im Ton
äußerster Verachtung: „Sie mit Ihren Delfinen.
Mit Ihrer ganzen modernen Aufklärung! Zahlen
Sie lieber die Rechnung!" Damit knallte er die Tür
hinter sich zu. Man hörte ihn, wie er im Fortgehen
durch den Schenkenraum noch allerlei von „Ein-
salzenlassen" und „Schäferhunden und Fleischer-
hunden" redete, bis es still wurde.

Er habe den Zio Prete keineswegs vom Tisch
weggraulen wollen, beteuerte Hermann. Und Clara: „Nein? Ich dachte doch." Sie öffnete langsam
den Mund und zeigte die Zähne. Hermann blickte
schnell in sein Glas. Er merkte, wie sein Mut mit
Don Eufemios Weggang gesunken war. „Nein, das
könnte ich nicht", begann er leise, „ein Ziel mit so-
viel List verfolgen." Und sie: „Welches Ziel?"

„Aber Clara, du weißt doch: mit dir hier allein
zu sein."

„Ist es denn nicht schön, dass wir hier auf der Terrasse endlich allein sitzen? Schau –", sie zeigte an Hermanns Schläfe vorbei übers Meer, „der Mond – beinahe Vollmond. Was für eine Nacht! Sollten wir nicht ein paar Schritte machen?" Das Letzte flüsterte sie.

Hermann war sofort einverstanden. Er zahlte und sagte so laut, dass der Wirt es hören konnte: „Wir müssen nach dem Zio Prete sehen. Er sieht im Dunkel nicht gut."

Draußen bot er Clara den Arm, den sie in Anbetracht der fremden Nachbarschaft und des zärtlichen Mondes ohne Widerrede annahm. Sie waren auf dem Wege nach Prajano. Hermann hatte Clara bewiesen, dass der torkelnde Zio Prete nicht gut in die Stadt hinaufgegangen sein könnte. So schritten sie, das Meer zur Rechten, die gewundene Straße entlang. Kein Mensch begegnete ihnen. Der Mond war mittlerweile so stark geworden, dass er ihrer beider Schatten vor sie auf das glänzende Asphaltband des Weges warf. Sie sprachen nichts. Sie blickten nur auf ihre Schatten vor sich und gaben acht, das ihrer beider Schritte wie ein einziger klangen. Hermann musste kürzere Schritte machen und er fand, dass dieser Einklang ihm schwer fiel. Er war einen Kopf größer als Clara. Bis zu diesem Abend hatte er das nicht eigentlich bemerkt. Claras Schritt war leicht und schwebend, aber wirklich sehr kurz. Vor zweitausend Jahren mögen Frauen wie sie noch

Kettchen getragen haben von Knöchel zu Knöchel, goldene Kettchen, die den Schritt maßen. Er dachte an die Studentinnen in seiner Heimatstadt, die hätten sich längst seinem Schritt ein wenig angepasst. Und wahrscheinlich hätte man sich auch längst einmal geküsst. Aber dieses wortlose Dahingehen im Mondlicht, so dicht beieinander, so allein, die Wärme ihres Armes, die Glätte ihrer Hand, die er hielt und manchmal presste – oh, das alles zusammen ging wahrscheinlich tiefer als ein Kuss.

„Wie lange musst du noch studieren?" Diese Frage Claras war plötzlich da, ohne Übergang, nah und weich wie das Aufklingen einer Welle des eingeschlafenen Meeres drunten.

Hermanns Antwort kam überstürzt: „Noch sehr – sehr lange."

„Oh!" Clara zog diesen Laut des Bedauerns über drei Schritte hinweg. Und noch ehe er verging, weckte dieser melodische, in der Tiefe verklingende, traurige Oh-Laut irgendwo in der Nähe ein Echo, – welches nicht nach unten verklang, sondern stärker wurde, anstieg und schließlich in ein Schnattern auslief, wie es einer hervorbringt, der friert und sich mit Stimme und Atem Bewegung schafft und erwärmt. Ihrer beider Schritte auf dem Asphalt stockten. Hermann schwankte leicht, derart ungestüm hatte sich ihm Clara in die Arme geworfen. „Hast du gehört?", flüsterte sie scharf, „ein Gespenst!" Und sie schmiegte sich zitternd an ihn und wurde an seinem erstarrten lauschenden Ragen richtig zu Efeu. Da legte er entschlossen beide Arme um sie. Hermann war sich sofort im Klaren, von wem allein der wirklich sich gespenstig anhörende hohle Schnatterlaut herrühren konnte. Doch blieb es ihm zunächst einfach unverständlich, warum der sonst so würdige Zio Prete eine solche Vorstellung gab. Aber er dämpfte seine Neugier und flüsterte, seinen Mund auf ihr kleines Ohr gedrückt: „Ja, wirklich, ein Geist!" Und ein Gefühl von unendlicher Dankbarkeit, ja Zärtlichkeit für den bärbeißigen Priester erfüllte ihn. Hermann spürte, wie leicht die kleine Echse war, wie ihre Flanken flogen. Und er hätte sich nicht gewundert, wenn sie an seinem Leib entlang in die Höhe geklettert und droben im Kalkgeklüft verschwunden wäre. Aber schließlich, als die O-Laute immer weiter in unsauberen Tonleitern hinauf und hinunter und wieder hinauf schnatterten, schlug ihm das Gewissen, und er sagte, seine Wange von der ihren lösend: „Hör doch, ist das nicht der Zio Prete?" Aber sie schüttelte nur heftig den Kopf und zitterte weiter an ihm: „Nein, nein! Hör nur mal genau zu – doch, doch: eine verdammte Seele!" Mühsam machte er sich von ihr los, zog sie neben sich her und rief: „He, Don Eufemio! Natürlich, siehst du, Clara! Komm, da liegt er ja – schau nur, im Wasser – im Trog!" Und Clara musste einsehen: Es war wirklich Zio Prete. Sie schlug die Hände vor die

Augen und wimmerte auf. Die Kleider des Onkels
lagen auf dem Boden um den Trog verstreut, während der Brunnen seinen weißen Strahl in das Be-
cken fallen ließ, auf den Alten, der nur mit seinem
Kopf aus dem Wasser herausragte, einfach weil der
Steintrog zu kurz war. Und wie aus der Öffnung
des Brunnens der Klang des Strahles herabfiel, stieg
aus Don Eufemios weitgeöffnetem Mund das die
Kälte des Wassers tief bedauernde schnatternde
Gestöhn. Offenbar kam sich der Trunkene in seinem Bett liegend und trotz allem gut aufgehoben
vor, denn er machte keine Anstrengung, aus dem
Trog herauszugelangen.

Welch ein Glück, dachte Hermann und sagte es
dann auch Clara, dass Lusinella von ihrem Zio Prete durch den Meerbusen von Neapel und die hohen
Berge getrennt ist, dass selbst die gute Donna Oca
witwenstill in ihren Kissen träumt, und dass nur
dieser Engel Clara hier steht und sich die Hände vor
die Stirn presst. Plötzlich sagte sie: „Er wird sich er-
kälten, den Husten kriegen, es kann sein Tod sein!"
Und schon legte sie Hand an, wusste aber nicht,
wo sie den Zio Prete packen könnte. Sein Schopf
war viel zu kurz, so fasste sie ihn an den großen
Ohren und zerrte daran. Hermann beruhigte sie.
„Weißt du, Clara, dass es Heilige gab, die bei Nacht
in kühles Wasser stiegen?" Doch sie zerrte den Zio
Prete noch heftiger an den Ohren. Das schien zu
helfen. Bald hatten sie ihn, betaut und leuchtend,

neben den Trog gestellt. Hermann rieb ihn mit
dem Hemd ab. Als Don Eufemio, mit Hosen und
Soutane bekleidet, vor ihnen stand, strahlte seine
Würde neu, wirklich wie aus dem Wasser gezogen.
Plötzlich schien er sich an etwas zu erinnern, er
blickte die beiden lange an, seine Nase rückte auf
eine schnüffelnde Weise näher. „Was macht ihr beiden denn hier?" Das klang mehr forschend als vor-
wurfsvoll. Clara versuchte ärgerlich zu erscheinen.
„Was wir hier –? Aber, Onkel, das dürftest du doch
wohl ahnen. Ist dir denn nicht kalt?"

„Mir?" Don Eufemio hob nun wirklich erstaunt
den Kopf, „warum kalt?" Da wandte sich Clara an
Hermann: „Er ist richtig betrunken, er merkt noch
immer nicht, was er angestellt hat." Und sie seufzte. „Du hast recht, Hermann, wenn das Lusinella
wüsste!" Der Name machte Zio Prete nüchterner
als das vorangegangene Bad. Er griff sich schnell
an die Nase, blickte zu den beiden jungen Leuten,
dann zum Mond hinauf. Schließlich ließ er noch
einmal seinen Blick, nun glotzend vor angestreng-
tem Hinschauen auf Clara ruhen: auf ihrem Bu-
sen, ihrem Haar, auf welch beide Stellen nun auch
Hermann schaute und über das Werk seiner Hände
errötete: „So", stieß Don Eufemio endlich hervor
und schnaubte verächtlich die Feuchte in der Nase hoch, „du redest mir von Lusinella ... Und wie
siehst du aus? Ich will es dir sagen: als ob Sant' Agnello dir mit drei Kindern auf dem Arm nachge-

laufen wäre und du hättest soeben noch die Kehre gekriegt und ihn vermieden. Und da kommst du mir mit Lusinella! Ja, erzähl es ihr ruhig, wie euer armer alter Onkel hier in diesem äh – Sarkophag lag, im kalten Wasser und – für euch alle – Buße tat. Versuch's doch!" Und Don Eufemio griff in das Wasser, spritzte die beiden, als wäre er beim „Asperges me", kräftig an und lachte ihnen nach, als sie davonliefen.

Darauf gingen sie in den Ort, kehrten in einem Albergo ein und schliefen bis zum nächsten Morgen.

Stefan Andres

Die Fensterschau

Der bleiche Heinrich ging vorbei,
Schön Hedwig lag am Fenster.
Sie sprach halblaut: „Gott steh mir bei,
Der unten schaut bleich wie Gespenster!"

Der unten erhub sein Aug in die Höh,
Hinschmachtend nach Hedewigs Fenster.
Schön Hedwig ergriff es wie Liebesweh,
Auch sie ward bleich wie Gespenster.

Schön Hedwig stand nun mit Liebesharm
Tagtäglich lauernd am Fenster.
Bald aber lag sie in Heinrichs Arm,
Allnächtlich zur Zeit der Gespenster.

Heinrich Heine

Ein Vater wird geboren

Gegen Morgen setzte sich meine Frau, bekanntlich die beste Ehefrau von allen, im Bett auf, starrte eine Weile in die Luft, packte mich an der Schulter und sagte: „Es geht los. Hol ein Taxi." Ruhig, ohne Hast, kleideten wir uns an. Dann und wann raunte ich ihr ein paar beruhigende Worte zu, aber das war eigentlich überflüssig. Wir beide sind hochentwickelte Persönlichkeiten von scharf ausgeprägter Intelligenz, und uns beiden ist klar, dass es sich bei der Geburt eines Kindes um einen ganz normalen biologischen Vorgang handelt, der sich seit Urzeiten milliardenfach wiederholt und schon deshalb keinen Anspruch hat, als etwas Besonderes zu gelten.

Während wir uns gemächlich zum Aufbruch anschickten, fielen mir allerlei alte Witze oder Witz-Zeichnungen ein, die sich über den Typ des werdenden Vaters auf billigste Weise lustig machen und ihn als kettenrauchendes, vor Nervosität halb wahnsinniges Wrack im Wartezimmer der Gebärklinik darzustellen lieben. Nun ja. Wir wollen diesen Scherzbolden das Vergnügen lassen. Im wirklichen Leben geht es anders zu.

„Möchtest du nicht ein paar Illustrierte mitnehmen, Liebling?", fragte ich. „Du sollst dich nicht langweilen."

Wir legten die Zeitschriften zuoberst in den kleinen Koffer, in dem sich auch etwas Schokolade und, natürlich, die Strickarbeit befand. Das Taxi fuhr vor. Nach bequemer Fahrt erreichten wir die Klinik. Der Portier notierte die Daten meiner Frau und führte sie zum Aufzug. Als ich ihr folgen wollte, zog er die Gittertüre dicht vor meinem Gesicht zu.

„Sie bleiben hier, Herr. Oben stören Sie nur."

Gewiss, er hätte sich etwas höflicher ausdrücken

können. Trotzdem muss ich zugeben, dass er nicht ganz unrecht hatte. Wenn die Dinge einmal so weit sind, kann, der Vater nichts mehr tun; das ist offenkundig. In diesem Sinne äußerte sich auch meine Frau: „Geh ruhig nach Haus", sagte sie, „und mach deine Arbeit wie immer. Wenn du Lust hast, geh am Nachmittag ins Kino. Warum auch nicht."

Wir tauschten einen Händedruck, und ich entfernte mich federnden Schrittes. Mancher Leser wird mich jetzt für kühl oder teilnahmslos halten, aber das ist nun einmal meine Wesensart: nüchtern, ruhig, vernünftig – kurzum: ein Mann.

Ich sah mich noch einmal in der Halle der Klinik um. Auf einer niedrigen Bank in der Nähe der Portiersloge saßen ein paar bleiche Gesellen, kettenrauchend, lippennagend, schwitzend. Lächerliche Erscheinungen, diese „werdenden Väter". Als ob ihre Anwesenheit irgendeinen Einfluss auf den Gang der Ereignisse hättet. Manchmal geschah es, dass eine vor Aufregung zitternde Gestalt von draußen auf die Portiersloge zustürzte und atemlos hervorstieß: „Schon da?"

Dann ließ der Portier seinen schläfrigen Blick über die vor ihm liegenden Namenlisten wandern, stocherte in seinen Zähnen, gähnte und sagte gleichgültig: „Mädchen."

„Gewicht?"

„Zweifünfundneunzig."

Daraufhin sprang der neugebackene Vater auf

meinen Schoß und wisperte mir mit heißer, irrsinniger Stimme immer wieder „zweifünfundneunzig, zweifünfundneunzig" ins Ohr, der lächerliche Tropf. Wen interessiert schon das Lebendgewicht seines Wechselbalgs? Kann meinetwegen auch zehn Kilo wiegen. Wie komisch wirkt doch ein erwachsener Mann, der die Kontrolle über sich verloren hat. Nein, nicht komisch. Mitleiderregend.

Ich beschloss, nach Hause zurückzukehren und mich meiner Arbeit zu widmen. Auch waren mir bereits die Zigaretten ausgegangen. Dann fiel mir ein, dass ich vielleicht doch besser noch ein paar Worte mit dem Arzt sprechen sollte. Vielleicht brauchte er irgendetwas. Eine Aufklärung, einen kleinen Ratschlag. Natürlich war das nur eine Formalität, aber auch Formalitäten wollen erledigt sein.

Ich durchquerte den Vorraum und versuchte, den Aufgang zur Klinik zu passieren. Der Portier hielt mich zurück. Auch als ich ihn informierte, dass mein Fall ein besonderer Fall sei, zeigte er sich in keiner Weise beeindruckt. Zum Glück kam in diesem Augenblick der Arzt die Stiegen herunter. Ich stellte mich vor und fragte ihn, ob ich ihm irgendwie behilflich sein könnte. „Kommen Sie um fünf Uhr nachmittag wieder", lautete seine Antwort. „Bis dahin würden Sie hier nur Ihre Zeit vergeuden."

Nach diesem kurzen, aber aufschlussreichen Gedankenaustausch machte ich mich beruhigt auf den Heimweg. Ich setzte mich an den Schreibtisch,

merkte aber bald, dass es heute mit der Arbeit nicht
so recht klappen würde. Das war mir nie zuvor ge-
schehen, und ich begann intensive Nachforschun-
gen anzustellen, woran das denn wohl läge. Zu
wenig Schlaf? Das Wetter? Oder störte mich die
Abwesenheit meiner Frau? Ich wollte diese Möglichkeit nicht restlos ausschließen. Auch wäre die
kühle Distanz, aus der ich die Ereignis des Lebens
sonst zu betrachten pflege, diesmal nicht ganz am
Platze gewesen. Das Ereignis, das mir jetzt bevor-
stand, begibt sich ja schließlich nicht jeden Tag,
auch wenn der Junge vermutlich ein Kind wie alle
anderen sein wird, gesund, lebhaft, aber nichts Au-
ßergewöhnliches. Er wird seine Studien erfolgreich
hinter sich bringen und dann die Diplomatenlaufbahn ergreifen. Schon aus diesem Grund sollte er
einen Namen bekommen, der einerseits hebräisch
ist und andererseits auch Nichtjuden leicht von
der Zunge geht. Etwa Rafael. Nach dem großen
niederländischen Maler. Ende wird der Schlingel
noch Außenminister, und dann können sie in den
Vereinten Nationen nicht mal seinen Namen aus-
sprechen. Man muss immer an die höheren Staats-
interessen denken. Übrigens soll er nicht allzu
früh heiraten. Er soll Sport betreiben und an den
Olympischen Spielen teilnehmen, wobei es mir
vollkommen gleichgültig ist, ob er das Hürden-
laufen gewinnt oder das Diskuswerfen. In dieser
Hinsicht bin ich kein Pedant. Und natürlich muss

er alle Weltsprachen beherrschen. Und in der Aero-
dynamik Bescheid wissen. Wenn er sich allerdings
mehr für Kernphysik interessiert, dann soll er eben
Kernphysik studieren.

Und wenn es ein Mädchen wird?

Eigentlich könnte ich jetzt in der Klinik anrufen.
Gelassen, mit ruhiger Hand, hob ich den Hörer ab.
„Nichts Neues", sagte der Portier. „Wer spricht?"

Ein sonderbar heiserer Unterton in seiner Stimme ließ mich aufhorchen. Ich hatte den Eindruck,
als ob er mir etwas verheimlichen wollte. Aber die
Verbindung war bereits unterbrochen.

Ein wenig nervös durchblätterte ich die Zeitung.
„Geburt einer doppelköpfigen Ziege in Peru."

Was diese Idioten erfinden, um ihr erbärmliches
Blättchen zu füllen! Man müsste alle Journalisten
vertilgen. Im Augenblick habe ich freilich Dringen-
deres zu tun. Zum Beispiel darf ich meinen Kon-
takt mit dem Arzt nicht gänzlich einschlafen lassen.

Ich sprang in ein Taxi, fuhr zur Klinik und hatte
das Glück, unauffälligen Anschluss an eine größere Gesellschaft zu finden, die sich gerade zu einer
Beschneidungsfeier versammelte. „Schon wieder
Sie?", bellte der Doktor, als ich ihn endlich gefunden hatte. „Was machen Sie hier?"

„Ich bin zufällig vorbeigekommen und dachte,
dass ich mich vielleicht erkundigen könnte, ob es
etwas Neues gibt. Gibt es etwas Neues?"

„Ich sagte Ihnen doch, dass Sie erst um fünf Uhr

kommen sollen! Oder noch besser: Kommen Sie gar nicht. Wir verständigen Sie telefonisch."

„Ganz wie Sie wünschen, Herr Doktor. Ich dachte nur …"

Er hatte recht. Dieses ewige Hin und Her war vollkommen sinnlos und eines normalen Menschen unwürdig. Ich wollte mich nicht auf die gleiche Stufe stellen mit diesen kläglichen Gestalten, die sich immer noch bleich und zitternd auf der Bank vor der Portiersloge herumdrückten.

Aus purer Neugier nahm ich unter ihnen Platz, um ihr Verhalten vom Blickpunkt des Psychologen aus zu analysieren. Mein Sitznachbar erzählte mir unaufgefordert, dass er der Geburt seines dritten Kindes entgegensähe. Zwei hatte er schon, einen Knaben (3,15 kg) und ein Mädchen (2,7 kg). Andere Bankbenutzer ließen Fotografien herumgehen. Aus Verlegenheit und wohl auch, um den völlig haltlosen Schwächlingen einen kleinen Streich zu spielen, zog ich ein Röntgenbild meiner Frau aus dem achten Monat hervor.

„Süß", ließen sich einige Stimmen vernehmen. „Wirklich herzig."

Während ich ein neues Päckchen Zigaretten kaufte, beschlich mich das dumpfe Gefühl, etwas Wichtiges vergessen zu haben. Ich fragte den Portier, ob es etwas Neues gäbe. Der ungezogene Lümmel machte sich nicht einmal die Mühe einer artikulierten Auskunft. Er schüttelte nur den Kopf.

Eigentlich schüttelte er ihn nicht einmal, sondern drehte ihn einfach weg.

Nach zwei Stunden begab ich mich in das Blumengeschäft auf der gegenüberliegenden Straßenseite, rief von dort aus den Arzt an und erfuhr von einer weiblichen Stimme, dass ich erst am Morgen wieder anrufen sollte. Es war, wie sich auf Befragen erwies, die Telefonistin. So springt man hierzulande mit angesehenen Bürgern um, die das Verbrechen begangen haben, sich um die nächste Generation zu sorgen.

Dann also ins Kino. Der Film handelte von einem jungen Mann, der seinen Vater hasst. Was geht mich dieser Bockmist aus Hollywood an. Außerdem wird es ein Mädchen. Im Unterbewusstsein hatte ich mich längst darauf eingestellt. Ich könnte sogar sagen, dass ich es schon längst gewusst habe. Ich hätte nichts dagegen einzuwenden, dass sie Archäologin wird, wenn sie nur keinen Piloten heiratet. Nichts da. Unter gar keinen Umständen akzeptiere ich einen Piloten. Um Himmels willen – über kurz oder lang bin ich Großpapa. Wie die Zeit vergeht. Aber warum ist es hier so dunkel? Wo bin ich? Ach ja, im Kino.

Ich tastete mich hinaus. Die kühle Luft erfrischte mich ein wenig. Nicht sehr, nur ein wenig. Und was jetzt? Vielleicht sollte ich in der Klinik nachfragen.

Ich erstand zwei große Sträuße billiger Blumen, weil man als Botenjunge eines Blumengeschäftes in jede Klinik Zutritt hat, warf dem Portier ein tonlos geschäftiges „Zimmer 24" hin und bewerkstelligte unter dem Schutz der Dunkelheit meinen Eintritt.

Um den Mund des Arztes wurden leichte Anzeichen von Schaumbildung merkbar.

„Was wollen Sie mit den Blumen, Herr? Stellen Sie die aufs Eis, Herr! Und wenn Sie nicht verschwinden, lasse ich Sie hinauswerfen!"

Ich versuchte ihm zu erklären, dass es sich bei den Blumen lediglich um eine List gehandelt hätte, die mir den Eintritt in die Klinik ermöglichen sollte.

Natürlich, so fügte ich hinzu, wüsste ich ganz genau, dass noch nichts los sei, aber ich dachte, dass vielleicht doch etwas los sein könnte.

Der Doktor sagte etwas offenbar Unfreundliches auf russisch und ließ mich stehen.

Auf der Straße draußen fiel mir plötzlich ein, was ich vorhin vergessen hatte: Ich hatte seit vierundzwanzig Stunden keine Nahrung zu mir genommen. Rasch nach Hause zu einem kleinen Imbiss. Aber aus irgendwelchen Gründen konnte ich nicht essen, und ich musste mit einigen Gläsern Brandy nachhelfen. Dann schlüpfte ich in meinen Pyjama und legte mich ins Bett.

Wenn ich nur wüsste, warum sich die Geburt dieses Kindes so lange verzögert.

Wenn ich es wüsste? Ich weiß es. Es werden Zwillinge. Das ist so gut wie sicher. Zwillinge. Auch recht. Da bekommt man alles, was sie brauchen, zu Engrospreisen. Ich werde ihnen eine praktische Erziehung angedeihen lassen. Sie sollen in die Textilbranche gehen und niemals Mangel leiden. Nur dieses entsetzliche Summen in meinem Hinterkopf müsste endlich aufhören. Und das Zimmer dürfte sich nicht länger drehen. Ein finsteres Zimmer, das sich trotzdem dreht, ist etwas sehr Unangenehmes.

Der Portier gibt vor, noch nichts zu wissen. Möge er eines qualvollen Todes sterben, der Schwerverbrecher. Sofort nach der Geburt meiner Tochter rechne ich mit ihm ab. Er wird sich wundern.

Rätselhafterweise sind mir schon wieder die Zigaretten ausgegangen. Wo bekommt man so spät in der Nacht noch Zigaretten? Wahrscheinlich nur in der Klinik. Ich sauste zur Autobus-Haltestelle, wurde aber von einem Hausbewohner eingeholt, der mich aufmerksam machte, dass ich keine Hosen anhatte.

„Wie überaus dumm und kindisch von mir!", lachte ich, sauste zurück, um mir die Hosen anzuziehen, und konnte trotzdem nicht aufhören, immer weiter zu lachen. Erst in der Nähe der Klinik erinnerte ich mich an Gott. Im Allgemeinen bete ich nicht, aber jetzt kam es mir wie selbstverständlich von den Lippen:

„Herr im Himmel, bitte hilf mir nur dieses eine Mal, lass das Mädchen einen Buben sein und wenn möglich einen normalen, nicht um meinetwillen, sondern aus nationalen Gründen, wir brauchen junge, gesunde Pioniere ..."

Nächtliche Passanten gaben mir zu bedenken, dass ich mir eine Erkältung zuziehen würde, wenn ich so lange auf dem nassen Straßenpflaster kniete.

Der Portier machte bei meinem Anblick schon von Weitem die arrogante Gebärde des halben Kopfschüttelns.

Mit gewaltigem Anlauf warf ich mich gegen das Gittertor, das krachend aufsprang, rollte auf die Milchglastüre zu, kam hoch, hörte das Monstrum hinter mir brüllen ... brüll du nur, du Schandfleck des Jahrhunderts ... wer mich jetzt aufzuhalten versucht, ist selbst an seinem Untergang schuld ...

„Doktor! Doktor!" Meine Stimme hallte schaurig durch die nachtdunklen Korridore. Und da kam auch schon der Arzt herangerast.

„Wenn ich Sie noch einmal hier sehe, lasse ich Sie von der Feuerwehr retten! Sie sollten sich schämen! Nehmen Sie ein Beruhigungsmittel, wenn Sie hysterisch sind!"

Hysterisch? Ich hysterisch? Der Kerl soll seinem guten Stern danken, dass ich mein Taschenmesser kurz nach der Bar-Mizwah verloren habe, sonst würde ich ihm jetzt die Kehle aufschlitzen. Und so etwas nennt sich Arzt. Ein Wegelagerer im weißen Kittel. Ein getarnter Mörder, nichts anderes. Ich werde an die Regierung einen Brief schreiben, den sie sich hinter den Spiegel stecken wird. Und von

dieser Bank bei der Portiersloge weiche ich keinen
Zoll, ehe man mir nicht mein Kind ausliefert. Hat
jemand von den Herren vielleicht eine Zigarette?
Beim Portier kann ich keine mehr kaufen, er ver-
fällt in nervöse Zuckungen, wenn er mich nur sieht,
Na wenn schon. Natürlich bin ich aufgeregt. Wer
wäre das in meiner Lage nicht. Schließlich ist heute der Geburtstag meines Sohnes. Auch wenn die
Halle sich noch so rasend dreht und das Summen
in meinem Hinterkopf nicht und nicht aufhören
will ...

Es geht auf Mitternacht, und noch immer nichts.
Wie glücklich ist doch meine Frau, dass ihr diese
Aufregung erspart bleibt. Guter Gott – und jetzt
haben sie womöglich entdeckt, dass sie gar nicht
schwanger ist, sondern nur einen aufgeblähten
Magen hat vom vielen Popcorn. Diese Schwindler.
Nein, Rafael wird nicht die Diplomatenlaufbahn
ergreifen. Das Mädel soll Kindergärtnerin wer-
den. Oder ich schicke die beiden in einen Kibbuz.
Mein Sohn wird für meine Sünden büßen, ich sehe
es kommen. Ich würde ja selbst in einen Kibbuz
gehen, um das zu verhindern, aber ich habe keine
Zigaretten mehr. Bitte um eine Zigarette, meine
Herren, eine letzte Zigarette.

Es ist vorüber. Etwas Fürchterliches ist gesche-
hen. Ich spüre es. Mein Instinkt hat mich noch
nie betrogen. Das Ende ist da ... Auf allen vieren
schleppte ich mich zur Portiersloge. Ich brachte

kein Wort hervor. Ich sah meinen Feind aus fle-
hentlich aufgerissenen Augen an.

„Ja", sagte er. „Ein Junge."

„Was?", sagte ich. „Wo?"

„Ein Junge", sagte er. „Dreieinhalb Kilo."

„Wieso?", sagte ich. „Wozu?"

„Hören Sie", sagte er. „Heißen Sie Ephraim Kishon?"

„Moment", sagte ich. „Ich weiß es nicht genau."

Ich zog meinen Personalausweis heraus und sah
nach. Tatsächlich: Es sprach alles dafür, dass ich
Ephraim Kishon hieß.

„Bitte?", sagte ich. „Was kann ich für Sie tun,
gnädige Frau?"

„Sie haben einen Sohn!" röhrte der Portier.
„Dreieinhalb Kilo! Einen Sohn! Verstehen Sie? Einen Sohn von dreieinhalb Kilo …"

Ich schlang meine Arme um ihn und versuchte
sein überirdisch schönes Antlitz zu küssen. Der
Kampf dauerte eine Weile und endete unentschie-
den. Dann entrang sich meiner Kehle ein fistelndes
Stöhnen. Ich stürzte hinaus.

Natürlich kein Mensch auf der Straße. Gerade
jetzt, wo man jemanden brauchen würde, ist niemand da. Wer hätte gedacht, dass ein Mann meines
Alters noch Purzelbäume schlagen kann.

Ein Polizist erschien und warnte mich vor einer
Fortsetzung der nächtlichen Ruhestörung. Rasch
umarmte ich ihn und küsste ihn auf beide Backen.

„Dreieinhalb Kilo", brüllte ich ihm ins Ohr. „Dreieinhalb Kilo!"

„Maseltow!", rief der Polizist. „Gratuliere!"

Und er zeigte mir ein Foto seiner kleinen Tochter.

Ephraim Kishon

Lehrer, Lehrer, nichts als Lehrer

Ich lag in der Wiege und wuchs. Ich saß im Kinderwagen und wuchs. Ich lernte laufen und wuchs. Der Kinderwagen wurde verkauft. Die Wiege erhielt eine neue Aufgabe: Sie wurde zum Wäschekorb ernannt. Mein Vater arbeitete noch immer in Lippolds Kofferfabrik: Und meine Mutter nähte noch immer Leibbinden. Von meinem Kinderbett aus, das vorsorglicherweise mit einem Holzgitter versehen war, schaute ich ihr zu.

Sie nähte bis tief in die Nacht hinein. Und von dem singenden Geräusch der Nähmaschine wachte ich natürlich auf. Mir gefiel das so weit ganz gut. Doch meiner Mutter gefiel es gar nicht. Denn die Lebensaufgabe kleiner Kinder besteht, nach der Meinung der Eltern, darin, möglichst lange zu schlafen. Und weil der Hausarzt, Sanitätsrat Dr. med. Zimmermann aus der Radeberger Straße, derselben Ansicht war, hängte sie die Leibbinden an den Nagel. Sie stülpte den polierten Deckel über

Singers Nähmaschine und beschloss kurzerhand, ein Zimmer zu vermieten.

Die Wohnung war schon klein genug, aber das Portemonnaie war noch kleiner. Ohne Nebenverdienst, erklärte sie meinem Vater, gehe es nicht. Der Papa war, wie fast immer, einverstanden. Die Möbel wurden zusammengerückt. Das leer gewordene Zimmer wurde ausstaffiert. Und an die Haustür wurde ein in Winters Papiergeschäft erworbenes Pappschild gehängt. „Schönes, sonniges Zimmer mit Frühstück ab sofort zu vermieten. Näheres bei Kästner, 3. Etage."

Der erste Untermieter hieß Franke und war Volksschullehrer. Dass er Franke hieß, hat sich für meinen ferneren Lebensweg nicht als sonderlich wichtig erwiesen. Dass er Lehrer war, wurde für mich von größter Bedeutung. Das konnten meine Eltern damals freilich noch nicht wissen. Es war ein Zufall. Das schöne, sonnige Zimmer hätte ja auch ein Buchhalter mieten können. Oder eine Verkäuferin. Aber es zog ein Lehrer ein. Und dieser Zufall hatte es, wie sich später zeigen sollte, hinter den Ohren.

Der Lehrer Franke war ein junger lustiger Mann. Das Zimmer gefiel ihm. Das Frühstück schmeckte ihm. Er lachte viel. Der kleine Erich machte ihm Spaß. Abends saß er bei uns in der Küche. Er erzählte aus seiner Schule. Er korrigierte Hefte. Andre junge Lehrer besuchten ihn. Es ging lebhaft zu.

Mein Vater stand schmunzelnd am warmen Herd. Meine Mutter sagte: „Emil hält den Ofen." Alle fühlten sich pudelwohl. Und Herr Franke erklärte: Nie im Leben werde er ausziehen. Und nachdem er das ein paar Jahre lang erklärt hatte, zog er aus.

Er heiratete und brauchte eine eigne Wohnung. Das war zwar ein ziemlich hübscher Kündigungsgrund.

Doch wir waren trotzdem alle miteinander traurig. Er zog in einen Vorort namens Trachenberge und nahm nicht nur seine Koffer mit, sondern auch sein übermütiges Lachen. Manchmal kam er noch, mit Frau Franke und seinem Lachen, zu Besuch. Wir hörten ihn schon lachen, wenn er ins Haus trat. Und wir hörten ihn noch lachen, wenn wir ihm und seiner Frau vom Fenster aus nachwinkten.

Als er gekündigt hatte, wollte meine Mutter das Pappschild „Schönes, sonniges Zimmer zu vermieten" wieder an die Haustür hängen. Aber er meinte, das sei höchst überflüssig. Er werde schon für einen Nachfolger sorgen. Und er sorgte dafür. Der Nachfolger war allerdings eine Nachfolgerin. Eine Französischlehrerin aus Genf. Sie lachte viel, viel weniger als er und bekam eines Tages ein Kind. Das gab einige Aufregung. Und Ärger und Verdruss gab es außerdem. Doch das gehört nicht hierher.

Mademoiselle T., die Französischlehrerin, zog bald danach mit ihrem kleinen Jungen von uns fort. Meine Mutter fuhr nach Trachenberge und erzählte

Herrn Franke, dass unser schönes, sonniges Zimmer wieder leer stünde. Da lachte er und versprach ihr, diesmal besser aufzupassen. Und so schickte er uns, als nächsten Mieter, keine Nachfolgerin, sondern einen Nachfolger. Einen Lehrer? Selbstverständlich einen Lehrer! Einen Kollegen aus seiner Schule in der Schanzenstraße. Einen sehr großen, sehr blonden, sehr jungen Mann, der Paul Schurig hieß und noch bei uns wohnte, als ich das Abitur machte. Er zog mit uns um. Er bewohnte lange Zeit sogar zwei Zimmer unserer Dreizimmerwohnung, so dass für die drei Kästners nicht viel Platz übrig blieb. Doch ich durfte in seinem Wohnzimmer lesen und schreiben und Klavier üben, wenn er nicht zu Hause war.

Im Laufe der Zeit wurde er für mich eine Art Onkel. Ich machte meine erste größere Reise mit ihm. In meinen ersten Schulferien. In sein Heimatdorf Falkenhain bei Wurzen bei Leipzig. Hier hatten seine Eltern ein Kurzwarengeschäft und den herrlichsten Obstgarten, den ich bis dahin gesehen hatte. Ich durfte die Leitern hochklettern und miternten. Die Gute Luise, den Schönen von Boskop, den Grafensteiner, die Goldparmäne, die Alexander, und wie die edlen Birnen und Äpfel sonst hießen.

Es waren Herbstferien, und wir sammelten im Walde Pilze, bis uns der Rücken wehtat. Wir wanderten bis nach Schilda, wo bekanntlich die

Schildbürger herstammen. Und in der Dachkammer weinte ich meine ersten Heimwehtränen. Hier schrieb ich die erste Postkarte meines Lebens und tröstete meine Mutter. Sie brauche beileibe keine Angst um mich zu haben. In Falkenhain gäbe es keine Straßenbahnen, sondern ab und zu höchstens einen Mistwagen, und vor dem nähme ich mich schon in acht.

Der Lehrer Paul Schurig wurde also im Lauf der Jahre für mich eine Art Onkel. Und beinahe wäre er auch eine Art Vetter geworden! Denn beinahe hätte er meine Kusine Dora geheiratet. Sie wollte es gern. Er wollte es gern. Aber Doras Vater, der wollte es gar nicht gern. Doras Vater war nämlich der ehemalige Kaninchenhändler Franz Augustin und hielt von Volksschullehrern und anderen „Hungerleidern" nicht das Mindeste. Als sich während der Großen Pferdeausstellung in Reick, im Segen der Goldenen und Silbernen Medaillen, unser Untermieter dem ersehnten Schwiegervater mit den Worten: „Mein Name ist Schurig!" vorstellte, schob mein Onkel Franz die braune Melone aus der Stirn, musterte den großen, hübschen und blonden Heiratskandidaten von oben bis unten, sprach die denkwürdigen Worte: „Von mir aus können Sie Hase heißen!", drehte ihm und uns den Rücken und ging zu seinen prämiierten Pferden.

Damit fiel der Plan ins Wasser. Gegen meinen Onkel Franz war kein Kraut gewachsen. Und da er

meine Mutter im Verdacht hatte, an dem Heirats-
projekt nicht ganz unbeteiligt zu sein, bekam sie
von ihm künftig mancherlei zu hören. Onkel Franz
war ein Despot, ein Tyrann, ein Pferde-Napoleon.
Und im Grunde ein prächtiger Kerl. Dass sich niemand traute, ihm energisch zu widersprechen, war
nicht seine Schuld. Vielleicht wäre er selig gewesen,
wenn ihm jemand endlich einmal richtig die Meinung gegeigt hätte! Vielleicht wartete er sein Leben
lang darauf! Aber keiner tat ihm den Gefallen. Er
brüllte, und die anderen zitterten. Sie zitterten noch,
wenn er Späße machte. Sie zitterten sogar, wenn er
unterm Christbaum „O du fröhliche" schmetterte!

Er genoss es, und er bedauerte es. Ich wieder-
hole, falls ihr es überlesen haben solltet: Dass ihm
niemand widersprach, war nicht seine Schuld.
Und damit verlasse ich meinen Onkel Franz und
wende mich erneut dem eigentlichen Gegenstan-
de des sechsten Kapitels zu: den Lehrern. Dem
Onkel Franz werden wir noch einmal begegnen.
Und etwas ausführlicher. Er eignet sich nicht zur
Nebenfigur. Das hat er mit anderen großen Män-
nern gemeinsam. Zum Beispiel mit Bismarck, dem
Gründer des Deutschen Reiches.

Als Bismarck eine internationale Konferenz ein-
berufen hatte und sich mit den übrigen Staatsmän-
nern an den Verhandlungstisch setzen wollte, er-
schraken alle Teilnehmer. Denn der Tisch, so groß
er war, war rund! Und an einem runden Tisch ist

beim besten Willen keine Sitz- und Rangordnung
möglich! Doch Bismarck lächelte, nahm Platz und
sagte: „Wo ich sitze, ist immer oben." Das hätte
auch mein Onkel Franz sagen können. Es hätte ihn
auch nicht gestört, wenn am Tisch nur ein einziger
Stuhl gestanden hätte. Er hätte schon Platz gefunden, mein Onkel.

Ich wuchs also mit Lehrern auf. Ich lernte sie
nicht erst in der Schule kennen. Ich hatte sie zu
Hause. Ich sah die blauen Schulhefte und die rote
Korrekturtinte, lange bevor ich selber schreiben
und Fehler machen konn¬te. Blaue Berge von Dik-
tatheften, Rechenheften und Aufsatzheften. Vor
Michaelis und Ostern braune Berge von Zensur-
heften. Und immer und überall Lesebücher, Lehr-
bücher, Lehrerzeitschriften, Zeitschriften für Päd-
agogik, Psychologie, Heimatkunde und sächsische
Geschichte. Wenn Herr Schurig nicht daheim war,
schlich ich mich in sein Zimmer, setzte mich aufs
grüne Sofa und starrte, ängstlich und hingerissen
zugleich, auf die Landschaft aus bedrucktem und
beschriebenem Papier. Da lag ein fremder Erdteil
vor mir zum Greifen nahe, doch ich hatte ihn noch
nicht entdeckt. Und wenn mich die Leute, wie sie
es ja bei Kindern gerne tun, fragten: „Was willst du
denn später einmal werden?", antwortete ich aus
Herzensgrundes: „Lehrer!"

Ich konnte noch nicht lesen und schreiben, und
schon wollte ich Lehrer werden. Nichts anderes.

Und trotzdem war es ein Missverständnis. Ja, es war der größte Irrtum meines Lebens. Und er klärte sich erst auf, als es fast zu spät war. Als ich, mit siebzehn Jahren, vor einer Schulklasse stand und, da die älteren Seminaristen im Felde standen, Unterricht erteilen musste. Die Professoren, die als pädagogische Beobachter dabeisaßen, merkten nichts von meinem Irrtum und nichts davon, dass ich selber, in dieser Stunde, ihn endlich begriff und dass mir fast das Herz stehen blieb. Doch die Kinder in den Bänken, die spürten es wie ich. Sie blickten mich verwundert an. Sie antworteten brav. Sie hoben die Hand. Sie standen auf. Sie setzten sich. Es ging wie am Schnürchen. Die Professoren nickten wohlwollend. Und trotzdem war alles grundverkehrt. Und die Kinder wussten es. „Der Jüngling auf dem Katheder", dachten sie, „das ist kein Lehrer, und er wird nie ein richtiger Lehrer werden." Und sie hatten recht.

Ich war kein Lehrer, sondern ein Lerner. Ich wollte nicht lehren, sondern lernen. Ich hatte Lehrer werden wollen, um möglichst lange ein Schüler bleiben zu können. Ich wollte Neues, immer wieder Neues aufnehmen und um keinen Preis Altes, immer wieder Altes weitergeben. Ich war hungrig, ich war kein Bäcker. Ich war wissensdurstig, ich war kein Schankwirt. Ich war ungeduldig und unruhig, ich war kein künftiger Erzieher. Denn Lehrer und Erzieher müssen ruhig und geduldig sein. Sie dürfen nicht an sich denken, sondern an die Kinder. Und sie dürfen Geduld nicht mit Bequemlichkeit verwechseln. Lehrer aus Bequemlichkeit gibt es genug. Echte, berufene, geborene Lehrer sind fast so selten wie Helden und Heilige.

(...)

Wenn damals ein Junge aufgeweckt war und nicht der Sohn eines Arztes, Anwalts, Pfarrers, Offiziers, Kaufmanns oder Fabrikdirektors, sondern eines Handwerkers, Arbeiters oder Angestellten, dann schickten ihn die Eltern nicht aufs Gymnasium oder in die Oberrealschule und anschließend auf die Universität, denn das war zu teuer. Sondern sie schickten ihn ins Lehrerseminar. Das war wesentlich billiger. Der Junge ging bis zur Konfirmation in die Volksschule, und dann erst machte er seine Aufnahmeprüfung. Fiel er durch, wur¬de er Angestellter oder Buchhalter wie sein Vater. Bestand er die Prüfung, so war er sechs Jahre später Hilfslehrer, bekam Gehalt, konnte damit beginnen, die Eltern zu unterstützen, und hatte eine „Lebensstellung mit Pensionsberechtigung".

Auch Tante Martha, die nächstjüngere Schwester meiner Mutter, meine Lieblingstante, war dafür. Sie hatte den Zigarrenvorarbeiter Richter geheiratet, ihn und die zwei Töchter aus erster Ehe, bekam ein eignes Kind, besaß einen Schrebergarten und sechs Hühner und war eine von Herzen heitere Frau. Sie hatte immer Sorgen und war immer lustig.

Zwei der drei Töchter starben, im ersten Jahr nach
dem Ersten Weltkrieg, am Hungertyphus. Obwohl
wir doch so viele Fleischer in der Verwandtschaft
hatten! Ihr starben eine der zwei Stieftöchter und
die eigne Tochter, die blonde Helene. Doch da bin
ich schon wieder zwei Schritte voraus!

Auch Tante Martha sagte also: „Lasst den Erich
Lehrer werden. Die Lehrer haben es gut. Ihr seht
es ja selbst. Schaut euch doch eure Mieter an. Den
Franke und den Schurig. Und seine Freunde, die Tischendorfs!" Die Tischendorfs waren Paul Schurigs
Freunde, und sie waren Lehrer wie er. Sie kamen oft
zu Besuch. Sie saßen bei uns in der Küche. Oder sie
beugten sich, im Vorderzimmer, über Landkarten
und besprachen zu dritt ihre Pläne für die Sommer-
ferien. Sie wurden, vier Wochen im Jahr, zu gewal-
tigen Bergsteigern. In Nagel¬schuhen, mit Eispi-
ckeln, Steigeisen, zusammengerollten Kletterseilen,
Verbandszeug und überlebensgroßen Rucksäcken
fuhren sie alljährlich in die Alpen, bestiegen den
Mont Cenis, den Monte Rosa, die Marmolatagrup-
pe oder den Wilden Kaiser. Sie schickten prächtig-
bunte Ansichtskarten in die Königsbrücker Straße.
Und wenn sie, am Ferienende, heimkehrten, sahen
sie aus wie blonde Neger. Tiefbraungebrannt, ge-
waltig, übermütig, hungrig wie die Wölfe. Die
Dielen bogen sich unter ihren Nagelschuhen. Der
Tisch bog sich unter den Tellern mit Wurst und
Obst und Käse. Und die Balken bogen sich, wenn

sie von ihren Gratwanderungen, Kamintouren und Gletscherspalten erzählten.

„Außerdem", sagte Tante Martha, „haben sie Weihnachtsferien, Osterferien und Kartoffelferien. In der Zwischenzeit geben sie ein paar Stunden Unterricht, immer dasselbe, immer fürs gleiche Alter, korrigieren dreißig Hefte mit roter Tinte, gehen mit der Klasse in den Zoologischen Garten, erzählen den Kindern, dass die Giraffen lange Hälse haben, holen am Monatsersten ihr Gehalt ab und bereiten sich in aller Ruhe auf den Ruhestand vor." Nun, so bequem und so gemütlich ist der Lehrerberuf ganz bestimmt nicht. So fidel war er auch damals nicht. Aber meine Tante Martha war nicht die Einzige, die so dachte. So dachten viele. Und auch manche Lehrer dachten so. Nicht jeder war ein Pestalozzi.

Ich wollte also Lehrer werden. Nicht nur aus Bildungshunger. Auch sonst hatte ich einen gesunden Appetit. Und wenn ich meiner Mutter dabei half, für Herrn Schurig abends den Tisch zu decken, wenn ich den Teller mit drei Spiegeleiern auf Wurst und Schinken ins Vorderzimmer balancierte, dachte ich: „So ein Lehrer hat es gar nicht schlecht."

Und der blonde Riese Schurig merkte überhaupt nicht, wie gern ich mein Abendbrot gegen seines eingetauscht hätte.

Erich Kästner

Die Nacht am Strande

Sternlos kalt ist die Nacht,
Es gärt das Meer;
Und über dem Meer, platt auf dem Bauch,
Liegt der ungestaltete Nordwind,
Und heimlich, mit ächzend gedämpfter Stimme,
Wie'n störriger Griesgram, der gut gelaunt wird,
Schwatzt er ins Wasser hinein
Und erzählt viel tolle Geschichten,
Riesenmärchen, totschlaglaunig,
Uralte Sagen aus Norweg,
Und dazwischen, weitschallend, lacht er und heult er
Beschwörungslieder der Edda,
Auch Runensprüche,
So dunkeltrotzig und zaubergewaltig,
Dass die weißen Meerkinder
Hoch aufspringen und jauchzen,
Übermut-berauscht.

Derweilen, am flachen Gestade,
Über den flutbefeuchteten Sand
Schreitet ein Fremdling, mit einem Herzen,
Das wilder noch als der Wind und Wellen.
Wo er hintritt,
Sprühen Funken und knistern die Muscheln;
Und er hüllt sich fest in den grauen Mantel
Und schreitet rasch durch die wehende Nacht;
Sicher geleitet vom kleinen Lichte,

Das lockend und lieblich schimmert
Aus einsamer Fischerhütte.

Vater und Bruder sind auf See,
Und mutterseelenallein blieb dort
In der Hütte die Fischerstocher.
Am Herde sitzt sie
Und horcht auf des Wasserkessels
Ahnungssüßes, heimliches Summen,
Und schüttet knisterndes Reisig ins Feuer.
Und bläst hinein,
Dass die flackernd roten Lichter
Zauberlieblich widerstrahlen
Auf das blühende Antlitz,
Auf die zarte, weiße Schulter,
Die rührend hervorlauscht
Aus dem groben, grauen Hemde,
Und auf die kleine, sorgsame Hand,
Die das Unterröckchen fester bindet
Um die feine Hüfte.
Aber plötzlich springt die Tür auf,
Und es tritt herein der nächtige Fremdling;
Liebesicher ruht sein Auge
Auf dem weißen, schlanken Mädchen,
Das schauernd vor ihm steht,
Gleich einer erschrockenen Lilie;
Und er wirft den Mantel zur Erde
Und lacht und spricht:
Siehst du, mein Kind, ich halte Wort,

Und ich komme, und mit mir kommt
Die alte Zeit, wo die Götter des Himmels
Niedersteigen zu Töchtern der Menschen
Und die Töchter der Menschen umarmten
Und mit ihnen zeugten
Zeptertragende Königsgeschlechter
Und Helden, Wunder der Welt.
Doch staune, mein Kind, nicht länger
Ob meiner Göttlichkeit,
Und, ich bitte dich, koche mir Tee mit Rum;
Denn draußen wars kalt,
Und bei solcher Nachtluft
Frieren auch wir, wir ewigen Götter
Und kriegen wir leicht den göttlichen Schnupfen
Und einen unsterblichen Husten.

Heinrich Heine

Onkel Ewald

In der Schweiz habe ich einen Onkel, genauer gesagt: Ein gewisser Ewald Schübi hat im Wallis eine
Papeteriefabrik, in der er Briefpapier, Notenpapier,
Pack- und Klopapier herstellt, außerdem hat er im
Tessin sein Büro und wohnt in einem der übrigen
dreiundzwanzig Kantone der Schweiz, und zu dem
sage ich Onkel, seit ich reden kann. Weder er noch
ich haben je klären können, ob er mein Stiefonkel

wäre, wenn es den überhaupt gäbe, und wir haben uns geeinigt, dass ich so eine Art Schwippneffe sein muss, weil wir nachweisbar über sechs Ecken miteinander verwandt sind, denn seine Schwägerin hatte eine Nichte, die mit seinem Schwiegersohn aus erster Ehe ... Na ja, Sie wissen schon, was ich meine.

Vorigen Donnerstag holte ich ihn vom Flugplatz ab, er hatte sich telegrafisch angemeldet, und so hatte ich meinen Wagen waschen lassen und trug den dunkelblauen Anzug mit der dezenten Krawatte.

Da stand er plötzlich vor mir, drückte mich an sein eidgenössisches Herz, sah knuspergesund aus und kümmerte sich um die Koffer. Drei kamen in meinen Wagen, die anderen sechs in eine Taxe, und so fuhren wir im Konvoi ins beste Hotel der Stadt. Kaum hatte er den Hotelzettel mit Schübi unterschrieben, hatte er schon den Telefonhörer am Ohr, um eine Sekretärin für den nächsten Tag zu bestellen, ließ einen Tisch im Restaurant für uns reservieren und meldete sich beim Friseur an. Dann gingen wir ins Restaurant.

Als der Ober die umfangreichen Speisekarten auf unseren Tisch legte, tat Onkel Ewald etwas Ungewöhnliches, nicht gerade Weltmännisches. Er gab die Karte zurück und sagte: „Ich kenne mich da nicht so aus, bringen Sie uns etwas Gutes, das Sie empfehlen können!"

Fünf Minuten später kam der Kellermeister und erkundigte sich, welchen Wein Onkel Ewald auf der Weinkarte gefunden habe. „Ach", sagte Onkel Ewald, „suchen Sie selbst einen aus, der zu unserem Essen passt." Wirklich, es war ein festlicher Abend, Essen und Getränke waren ganz hervorragend. Onkel Ewald legte ein dickes Trinkgeld neben den Teller und versprach, am nächsten Abend wieder-zukommen.

Es waren drei gastronomische Erlebnisse, und jedes Mal kamen wir ganz überraschend zu den Köstlichkeiten, denn Onkel Ewald lehnte es rund-weg ab, Speisen- oder Weinkarten zu studieren, er sah sie nicht an.

Heute, am dritten Tag, verabschiedete Onkel Ewald sich vom Ober, weil er morgen nach Zürich fliegen wollte. Als er noch einen Zwanzigfranken-schein in des Obers Tasche schob, lehnte der sich flüsternd zum Onkel herüber. Der hörte, grinste und lachte dann laut. Draußen erzählte mir Onkel Ewald, was der Ober gesagt hatte: „Gehen Sie in Zürich zur Kronenhalle essen, und weil Sie und Ihr Freund nicht lesen können, wenden Sie sich an Ober Max."

Peter Frankenfeld

Gespräch eines Betrunkenen mit einem nüchternen Teufel

Ein ehemaliger Beamter der Intendanturverwaltung, der Kollegiensekretär a. D. Lachmatov, saß daheim am Tisch beim sechzehnten Glas Vodka und dachte an die Freiheit, Gleichheit und Brüderlichkeit. Plötzlich schaute hinter der Lampe ein Teufel hervor ... Erschrecken Sie nicht, liebe Leserin. Sie wissen, was ein Teufel ist? Das ist ein junger Mann von angenehmem Äußeren, mit einer pechschwarzen Visage und roten, ausdrucksvollen Augen. Auf dem Kopf trägt er, obwohl er gar nicht verehelicht ist, Hörner ... Die Frisur à la Capoul. Sein Körper ist mit grüner Wolle bedeckt, und er stinkt nach Ziegenbock. An seinem Steiß baumelt ein Schwanz, der mit einer Quaste endet ... Statt der Finger hat er Klauen, ,statt der Füße Pferdehufe. Lachmatov war, als er den Teufel erblickte, etwas verwirrt, aber dann fiel ihm ein, dass grüne Teufel die dumme Angewohnheit haben, allen Angetrunkenen zu erscheinen, und so beruhigte er sich schnell.

„Mit wem habe ich die Ehre?", wandte er sich an den ungebetenen Gast.

Der Teufel wurde verlegen und schlug die Augen nieder.

„Genieren Sie sich nicht", fuhr Lachmatov fort. „Treten Sie ruhig näher ... Ich bin ein Mensch ohne

Vorurteile, und Sie können offen mit mir reden ...
von Mann zu Mann ... Wer sind Sie?"

Der Teufel trat unschlüssig an Lachmatov her-
an, klemmte den Schwanz zwischen die Beine und
verbeugte sich höflich.

„Ich bin ein Teufel", stellte er sich vor. „Bekleide
den Posten eines Beamten zu besonderer Verfü-
gung bei seiner Exzellenz, dem Direktor der Höl-
lenkanzlei des Herrn Satan, persönlich!"

„Hab davon gehört, hab davon gehört ... Sehr
angenehm. Setzen Sie sich! Möchten Sie einen Vodka? Freut mich sehr ... Und womit beschäftigen
Sie sich?"

Der Teufel wurde noch verlegener.

„Genaugenommen habe ich keine bestimmte Be-
schäftigung", antwortete er, hustete verwirrt und
schneuzte sich in den „Rebus". „Früher hatten wir
tatsächlich zu tun ... Wir führten die Menschen
in Versuchung ... wir brachten sie ab vom Weg des
Guten ... Jetzt aber ist diese Tätigkeit, entre nous
soit dit, keinen Pfifferling wert ... Den Weg des
Guten gibt es nicht mehr, wovon also soll man die
Menschen abbringen? Zudem sind sie schlauer geworden als wir ... Geruhen Sie mal jemanden in
Versuchung zu führen, wenn er an der Universität
alle Wissenschaften absolviert und durch Feuer,
Wasser und eiserne Röhren gegangen ist! Wie soll
ich Sie lehren, einen Rubel zu stehlen, wenn Sie
schon ohne meine Hilfe Tausende geklaut haben?"

„So ist es ... Aber Sie müssen sich doch mit irgendetwas beschäftigen?"

„Ja ... Unsere ehemaligen Pflichten existieren
jetzt vielleicht nur noch dem Namen nach, aber
Arbeit haben wir trotzdem. Wir führen Lehrerin-
nen an Mädchengymnasien in Versuchung, verlei-
ten junge Männer dazu, Verse zu schreiben, lassen
besoffene Kaufleute Spiegel zerschlagen ... In die
Politik, die Literatur und die Wissenschaft mischen
wir uns schon seit Langem nicht mehr ein. Davon
verstehen wir nicht die Bohne. Viele von uns arbeiten am „Rebus" mit, es gibt sogar welche, die
die Hölle verlassen haben und unter die Menschen
gegangen sind ... Sie sind Teufel a. D., sind Menschen geworden, haben reiche Kaufmannsfrauen
geheiratet und leben jetzt vortrefflich. Manche
von ihnen arbeiten als Rechtsanwälte, andere geben
Zeitungen heraus, überhaupt sind das sehr fähige
und geachtete Leute!"

„Entschuldigen Sie die zudringliche Frage: wie
ist für Ihren Unterhalt gesorgt?"

„Unsere Situation ist die gleiche geblieben ...",
antwortete der Teufel. „Das Budget hat sich in keiner Weise geändert ... Der Staat zahlt wie früher
Wohnung, Beleuchtung und Heizung ... Gehalt
bekommen wir nicht, weil wir alle außerplanmäßig
geführt werden und weil jeder Teufel ehrenamtlich
arbeitet ... Überhaupt, wir leben, offen gestanden,
schlecht, man könnte betteln gehen ... Den Men-

schen ist es zu danken, dass wir gelernt haben, Schmiergelder zu nehmen, sonst wären wir schon in Massen krepiert ... Wir erhalten uns nur von dergleichen Einnahmen ... Man verlangt von den Sündern eben Provision, na, und ... steckt sie ein ... Der Satan ist alt geworden, er fährt immer weg, um sich die Zucchi anzusehen, auf genaue Abrechnung kommt es ihm jetzt nicht mehr an ..."

Lachmatov schenkte dem Teufel noch ein Glas Vodka ein. Der trank es aus und erzählte weiter. Er gab alle Geheimnisse der Hölle zum Besten, schüttete sein Herz aus, weinte und gefiel Lachmatov so gut, dass er ihn sogar bei sich übernachten ließ. Der Teufel schlief im Ofen und fantasierte die ganze Nacht. Am Morgen war er verschwunden.

Anton Tschechow

„Niemals verdirbt jemand mit fröhlichem Herzen" – Humor ist Medizin für alle Gemütskrankheiten

„Wer lachen kann, dort wo er hätte heulen können, bekommt wieder Lust am Leben", sagte Werner Finck, ein deutscher Schauspieler und Kabarettist. Und jeder weiß von sich selbst, dass Lachen und Weinen oft gar nicht so weit voneinander entfernt sind – ob man jetzt vor lauter Lachen Tränen in den Augen hat oder vor lauter Rührung Freudentränen vergießt.

„Humor" ist eigentlich ein lateinisches Wort und bedeutet „Feuchtigkeit" oder „Saft". Wenn man so möchte, ist er also das, was lebendig macht, was dabei hilft, zu gedeihen und zu wachsen – und zu heilen. Phil Bosmans meint, Humor sei das, was den Menschen durch die Wüsten ihres Lebens hilft und sie nicht verzweifeln lässt an ihrem Weh und Ach.

Auch hier gilt: Man kann die Trauer nicht „weglachen" und auch der Schmerz wird dadurch nicht geringer. Aber dennoch ist das Lachen so etwas wie eine „Schutzschicht" für unsere Seele, das uns dabei hilft, „ganz" zu bleiben und nicht zu vergessen, wie schön es dennoch ist, am Leben zu sein.

Und manchmal hilft das Lachen auch dabei,

festzustellen, dass die Last auf unseren Schultern vielleicht gar nicht so schwer ist, wie wir immer dachten ...

Zum Lachen hat er sich ausgedacht

„Ich habe kein Verlangen, vollkommen zu sein, wie der vollkommene Mensch vollkommen ist. Ich habe kein Verlangen in mir, dieses Polizei-Gewissen zu unterhalten, das alle Pfade belauert, um die Sünde zu ergreifen, die vorbeigeht. Ich habe keine Lust, diese geheiligte Strapaze auf mich zu nehmen, die Nacht und Tag misst, ausrichtet, schneidet, stutzt, hobelt, kratzt, um aus einem Nussbaum, einem lebendigen Baum, eine richtige Sargplanke zu machen.

Ich möchte vollkommen sein, wie der Vater im Himmel vollkommen ist. In Ihm ist das Gesetz, aber in Ihm ist auch das Spiel. Sein Werk sind Seraphim, aber auch der Schmetterling. Es sind Himmel, Sterne, Gehorsam und Gestirne, aber auch Feuer, Wind und Launen der Wolken.

Er freut sich an Blumen. Zum Lachen hat er sich ausgedacht (was wäre zum Lachen, wenn nicht dies?) die Eichhornschwänze, die Pfauenfedern, die Storchenkrallen, die Elefantenrüssel, die Höcker der Kamele und Dromedare. Und wenn Er so

leicht Freude daran hat, dass ein heiliger Mönch
nachts in der Versuchung sich geißelt, so segnet Er
auch mit einem Lächeln das Zicklein, das tanzt,
das Huhn, das ein Ei legt, und den Ziegenbock mit
dem langen Bart, der auf sein Zicklein losgeht. Ich
möchte, dass meine Seele ebenso – wie mein Werk –
Ordnung und Fantasie wäre."

Marie Noël

Vogelfrei

Es sitzt ein Vogel auf dem Leim,
Er flattert sehr und kann nicht heim.
Ein schwarzer Kater schleicht herzu,
Die Krallen scharf, die Augen gluh.
Am Baum hinauf und immer höher
Kommt er dem armen Vogel näher.

Der Vogel denkt: Weil das so ist
Und weil mich doch der Kater frisst,
So will ich keine Zeit verlieren,
Will noch ein wenig quinquilieren
Und lustig pfeifen wie zuvor.
Der Vogel, scheint mir, hat Humor.

Wilhelm Busch

Lottolos

Es war einmal ein armer, frommer Mann, der jeden Tag zu Gott betete: „Herr, ich bin so unglücklich. Ich kann mir nichts mehr leisten als das, was ich am Leib habe. Meine Familie bringe ich immer nur gerade so durch. Bitte hilf mir, lass mich im Lotto gewinnen."

Der Mann betete jeden Tag zu Gott, über Wochen, sogar über Jahre weg. Nie geschah etwas. Bis er eines Tages als Antwort die donnernde Stimme hörte: „Verdammt noch mal, dann gib mir endlich mal eine Chance und kauf dir ein Los!"

Unbekannter Verfasser

Lotusblume

Wahrhaftig, wir beide bilden
Ein kurioses Paar,
Die Liebste ist schwach auf den Beinen,
Der Liebhaber lahm sogar.

Sie ist ein leidendes Kätzchen,
Und er ist krank wie ein Hund,
Ich glaube, im Kopfe sind beide
Nicht sonderlich gesund.

Sie sei eine Lotusblume,
Bildet die Liebste sich ein;
Doch er, der blasse Geselle,
Vermeint der Mond zu sein.

Die Lotusblume erschließet
Ihr Kelchlein im Mondenlicht,
Doch statt des befruchtenden Lebens
Empfängt sie nur ein Gedicht.

Worte! Worte! Keine Taten!
Niemals Fleisch, geliebte Puppe,
Immer Geist und keinen Braten,
Keine Knödel in der Suppe!

Doch vielleicht ist dir zuträglich
Nicht die wilde Lendenkraft,

Welche galoppieret täglich
Auf dem Ross der Leidenschaft.

Ja, ich fürchte fast, es riebe,
Zartes Kind, dich endlich auf
Jene wilde Jagd der Liebe,
Amors Steeple-chase-Wettlauf.

Viel gesünder, glaub ich schier,
Ist für dich ein kranker Mann
Als Liebhaber, der gleich mir
Kaum ein Glied bewegen kann.

Deshalb unserm Herzensbund,
Liebste, widme deine Triebe;
Solches ist dir sehr gesund,
Eine Art Gesundheitsliebe.

Heinrich Heine

Ansteckend

Es war einmal ein Mensch, der meistens schlechte
Laune hatte. War es warm, dann beschwerte er sich
darüber, dass er schwitzen muss. Regnete es, dann
schimpfte er über das miese Wetter. Er war empört,
dass die Verkäuferin im Supermarkt so unfreund-
lich zu ihm war und dass die Kollegen im Geschäft
morgens nur einen Gruß murmelten, wenn sie ihn
überhaupt grüßten.

Eines Tages ging er durch die Straßen seiner Stadt
und ärgerte sich mal wieder über den Müll, der auf
der Straße lag, und das Wetter, dass schon so früh
am Morgen viel zu heiß war – wie sollte man da
gut gelaunt sein? Dann rempelte ihn jemand aus
Versehen von der Seite an und er brüllte zurück, das
sei eine Unverschämtheit und ob er keine Augen
im Kopf hätte.

Zufälligerweise war an diesem Tag ein Lächeln
unterwegs. Es lag gerade auf dem Gesicht einer jungen Frau, die auf dem Markt Erdbeeren verkaufte.
Als der schlechtgelaunte Mann vorbei kam, sagte
die Frau zu ihm: „Hallo, darf ich Ihnen vielleicht
eine Erdbeere schenken? Es ist so ein schöner Tag
und sie werden sich wundern, wie gut dann so eine
frische rote Frucht schmeckt!" Und in diesem Moment beschloss das Lächeln, sich davonzustehlen
und dem schlechtgelaunten Mann aufs Gesicht zu
legen.

Der nahm ganz gegen seine sonstigen Gewohnheiten die Erdbeere und sagte tatsächlich: „Danke, das ist aber nett!" Dann ging er mit seinem Lächeln weiter durch die Stadt. Plötzlich grüßten ihn die Menschen und die Häuser schienen gar nicht mehr so schäbig zu sein wie sonst. Die Kassiererin im Supermarkt schaute ihn mit großen Augen an und wünschte ihm einen schönen Tag. Und als er wieder draußen stand, dachte er, dass es eigentlich ein wunderschöner Sommertag war und der Himmel so herrlich blau wie schon lange nicht mehr.

Als er zu Hause ankam und seine Einkäufe im Flur abstellte, fiel sein Blick in den Spiegel – beinahe hätte er sich selbst nicht wiedererkannt. Das Lächeln aber fühlte sich so wohl auf seinem Gesicht, dass es beschloss zu bleiben.

Unbekannter Verfasser

Mich locken nicht die Himmelsauen

Mich locken nicht die Himmelsauen
Im Paradies, im sel'gen Land;
Dort find' ich keine schönre Frauen,
Als ich bereits auf Erden fand.

Kein Engel mit den feinsten Schwingen
Könnt' mir ersetzen dort mein Weib;
Auf Wolken sitzend Psalmen singen,
Wär' auch nicht just mein Zeitvertreib.

O Herr! Ich glaub', es wär' das beste,
Du ließest mich in dieser Welt;
Heil nur zuvor mein Leibgebreste
Und sorge auch für etwas Geld.

Ich weiß, es ist voll Sünd' und Laster
Die Welt; jedoch ich bin einmal Gewöhnt,
auf diesem Erdpechpflaster
Zu schlendern durch das Jammertal.

Genieren wird das Weltgetriebe
Mich nie, denn selten geh' ich aus;
In Schlafrock und Pantoffeln bleibe
Ich gern bei meiner Frau zu Haus.

Lass mich bei ihr! Hör' ich sie schwätzen,
Trinkt meine Seele die Musik
Der holden Stimme mit Ergötzen.
So treu und ehrlich ist ihr Blick!

Gesundheit nur und Geldzulage
Verlang' ich, Herr! O lass mich froh
Hinleben noch viel schöne Tage
Bei meiner Frau im status quo!

Heinrich Heine

Wasser in der Wüste

Wenn alles so traurig ist, dass keiner mehr lachen kann, und alles so aussichtslos, dass es nichts mehr zu lachen gibt, dann kann allein der Humor immer noch ein Lächeln hervorzaubern. Nicht weil es Freude gibt, gibt es Humor, sondern dort, wo alle Freude gestorben ist, an den dunklen Tagen voller Ängste, gerade dort lebt der Humor.

Humor trägt die Menschen durch die Wüsten des Lebens und sorgt dafür, dass sie nicht zugrunde gehen in lauter Weh und Ach. Humor hilft, trotz allem zu lachen. Humor findet man nicht durch krampfhaftes Suchen. Humor ist ein Geschenk. Humor lässt den Kopf lachen, während das Herz weint. Und man wird weniger empfindlich.

Humor und Geduld

sind die Kamele, auf denen ich durch alle Wüsten komme.

Phil Bosmans

Der kleine Unterschied zwischen Glück und Unglück

„Ich bin so unglücklich", sagte der Hans zur Mutter. „Was soll ich dagegen tun?"

„Versuch es mit guten Taten", sagte die Mutter. „Tu jeden Tag eine gute Tat!"

„Warum?", fragte Hans.

„Weil gut sein glücklich macht", sagte die Mutter.

„Ich will es versuchen", murmelte Hans.

Nach drei Tagen erkundigte sich die Mutter, ob es Hans mit den guten Taten schon versucht habe.

„Ja!", rief der Hans. „Und es hat fabelhaft geholfen! Vorvorgestern habe ich mir Schokolade geschenkt. Vorgestern habe ich mir eine Kinokarte gekauft! Gestern habe ich mir eine Geschichte vorgelesen!"

„Du dir selber? Alles du dir selber?", rief die Mutter entsetzt.

„Na wieso?", sagte der Hans. „Wer so unglücklich ist wie ich, hat gute Taten wohl am allernötigsten!"

Christine Nöstlinger

Schenke mir Sinn für Humor

Schenke mir eine gute Verdauung, Herr,
und auch etwas zum Verdauen.
Schenke mir Gesundheit des Leibes
mit dem nötigen Sinn dafür,
ihn möglichst gut zu erhalten.

Schenke mir eine heilige Seele, Herr,
die das im Auge behält,
was gut ist und rein,
damit sie im Anblick der Sünde nicht erschrecke,
sondern das Mittel findet,
die Dinge wieder in Ordnung zu bringen.

Schenke mir eine Seele,
der die Langeweile fremd ist,
die kein Murren kennt und kein Seufzen und
Klagen,
und lass nicht zu,
dass ich mir allzuviel Sorgen mache
um dieses sich breitmachende Etwas,
das sich „Ich" nennt.

Herr, schenke mir Sinn für Humor,
gib mir die Gnade, einen Scherz zu verstehen,
damit ich ein wenig Glück kenne im Leben
und anderen davon mitteilte.

Thomas Morus

Ich bin ein armer magerer Mann

Ach, es ist doch schrecklich gwiss,
Wenn der Mensch recht mager ist;
Ich bin mager, welche Pein,
Mager wie ein Suppenbein.

Was muss ich denn verbrochen haben, dass mich
die Natur gar so grauslich zsammgricht hat. – Ich
versteh das nicht, in unserer Familie kann das unmöglich liegen, denn mein Vater wiegt über drei
Zentner, meine Mutter über zwei Zentner, und
meine Schwester hat einen Bahnexpeditor geheiratet, und gerade ich muss so mager sein. Ja, jetzt tut's
es ja noch, aber früher solln S' mich gsehn habn,
gleich nach der Geburt, da hab ich ausgschaut wie
a Salami. – Darum hab ich auch als kleines Kind
keine Wiege gebraucht, mich hat meine Mutter
ganz einfach in einen Lampenzylinder neingsteckt
und mich am Tisch umhergewalkert, so mager war
ich. – Und trotzdem ist mein Vater stolz auf mich,
der mag die fetten Kinder selber nicht, und grad
deshalb, weil ich so mager bin, drum mag er mich
so gern. Er sagt, Vetter kann ich immer noch wer-
dn, wenn amal mei wester heirat. Einmal bin ich
in einem Kaffeehaus an einem Billard dortglehnt,
und weil ich so mager bin, und weil ich am Billard
dortglehnt bin, jetzt hat einer glaubt, ich bin der
Billardmager …

Aber die größte Gaudi war das, wie ich zur Mus-
terung gehen hab müssen, also habn die da drobn a
Gaudi ghabt, wie s' mich gsehn haben. – Net, und
ich hab doch, wenn ich auszogen bin, so Rippen da
rüber, quer rüber, mich hat halt früher meine Mutter zum Meerrettichreiben hergnommen. – Kurz
und gut, wie die mich gsehn habn, habn s' gsagt: Ja,
Kerl, Sie kommen ja daher wie a Bahnwärterhäusl
aus Wellblech. – Aber trotzdem dass ich so gebaut
war, habn s' mich nicht gnommen zu den Solda-
ten, nicht amal zum Militär habn s' mich brauchen
können.

Natürlich bin ich auch furchtbar leicht; wenn ich
zum Beispiel in einem Restaurant sitz, und da Wirt
reibt an Ventilator auf, da muss ich mich immer am
Tisch anbinden, dass's mich net ins Röhrl neizieht. –
Dann hat amal einer zu mir gsagt: „Sie sind doch
wirklich a gräuslicher Kerl, Sie können Ihnen jetzt
schon in der Anatomie verkaufen"; dann bin ich
auch hingegangen zu dem Anatomieprofessor und
hab mich offeriert, nun hat er gsagt: „Was verlangen
S' denn für Ihnen?" – „Ja", sag ich, „unter acht-
zig Mark kann ich mich nicht hergeben, weil auf
fünfzig Mark komm ich mich ja selbst." – „Ja", sagt
der Herr Professor, „wie können Sie das behaup-
ten, dass Sie fünfzig Mark wert sind?" – „Ja", sag i,
„ich hab mich kürzlich ausgezogen und hab meine
Knochen so abgegriffen, und da hab ich rausgefun-
den, dass ich fünfzig Knochen hab, und weil ich in

jedem Knochen a Mark hab, bin ich fünfzig Mark wert."

Dann hab ich amal was glesen von einem Leichenverbrennungsverein, denk ich mir, da gehst auch hin und lasst dich amal verbrennen, wennst gstorbn bist: Dann bin ich auch hingegangen und hab den Leichenverbrennungsvorstand gfragt, ob das überhaupt geht bei mir. Dann hat er mich angschaut und hat gsagt: „Ja, Sie sind ja schon arg dürr, Ihnen müss ma immer zuerst mit zehn Pfund Schweinsfett einreibn, dass S' überhaupt brennen, und zweitens kommt's bei Ihnen bedeutend teurer." – „Ja", sag ich, „warum denn grad bei mir?" – „Ja", sagt er, „weil ma bei Ihnen im Verbrennungsofen drin an neuen Rost brauchen, weil Sie durch den jetzigen unbedingt durchrutschen würden." –

Und trotzdem ist die Magerkeit mein Lebensretter, denn wie ich einmal in Afrika war bei den Kannibalen, da habn mich die Menschenfresser erwischt und habn mich braten wollen. Da habn s' a Feuer gmacht und habn mich auszogen – wie mich die auszogen gsehn habn, sind s' alle davonglaufen, weil's denen graust hat vor mir, und mein Leben war gerettet.

Karl Valentin

Der Einsame

Wer einsam ist, der hat es gut,
Weil keiner da, der ihm was tut.

Ihn stört in seinem Lustrevier
Kein Tier, kein Mensch und kein Klavier,

Und niemand gibt ihm weise Lehren,
Die gut gemeint und bös zu hören.

Der Welt entronnen, geht er still
In Filzpantoffeln, wann er will.

Sogar im Schlafrock wandelt er
Bequem den ganzen Tag umher.

Er kennt kein weibliches Verbot,
Drum raucht und dampft er wie ein Schlot.

Geschützt vor fremden Späherblicken,
Kann er sich selbst die Hose flicken.

Liebt er Musik, so, darf er flöten,
Um angenehm die Zeit zu töten,
Und laut und kräftig darf er prusten,
Und ohne Rücksicht darf er husten,
Und allgemach vergisst man seiner.
Nur allerhöchstens fragt mal einer:

Was, lebt er noch? Ei schwerenot,
Ich dachte längst, er wäre tot.

Kurz, abgesehn vom Steuerzahlen,
Lässt sich das Glück nicht schöner malen.

Worauf denn auch der Satz beruht:
Wer einsam ist, der hat es gut.

Wilhelm Busch

Auf einen Blick

Kurztext • 2-3 Min. •• über 3 Min. •••

Titel AutorIn	Worum geht es	Vor- lese- zeit	Seite
Morgenwonne *Joachim Ringelnatz*	Gute Laune beim Aufstehen	•	12
Erfüllte Wünsche *Traditionelle Erzählung*	Wenn sich die falschen Wünsche erfüllen	•	12
Der Zwölf-Elf *Christian Morgenstern*	Gruseliges aus dem erfundenen Tierka-binett	••	13
Praktisches Wissen *Traditionelle Erzählung*	Den Wald vor lauter Bäumen nicht mehr sehen	••	15
Das ästhetische Wiesel *Christian Morgenstern*	Von Tieren, die sich um Gedichtformen scheren	•	16
Die Meditation *Traditionelle Erzählung*	Erst denken, dann reden	••	16
Der General und sein Hemd *Heinz Erhardt*	Wie der Herr so sein Gescherr	•	18
Der Tanz *Christian Morgenstern*	Noch mehr unbekannte Tiere	•	19
Die Made *Heinz Erhardt*	Vom sich wiederholenden Schicksal eines Wurms	••	20

Titel AutorIn	Worum geht es	Vor- lese- zeit	Seite
Lebenswichtig *Nach einer Su- fi-Geschichte*	Gelehrsamkeit bringt Ansehen, praktisches Wissen hilft zu überleben	••	34
Richtig fragen *Traditionelle Erzählung*	Beim Fragen sollte man beachten, was man sich als Antwort wünscht	•	36
Mit Gott zu Mittag essen *Unbekannter Verfasser*	Gottesbilder	••	37
Typisch?! *Unbekannter Verfasser*	Wie sich der Beruf auf die Persönlichkeit auswirkt	••	38
Von Katzen *Theodor Storm*	Haustiere sind toll – bis sie sich vermeh- ren	••	40
Gottvertrauen *Traditionelle Erzählung*	Gottvertrauen ist gut – was das Denken nicht ersetzt	••	44
Entwicklung der Menschheit *Erich Kästner*	Was hat sich in der Menschheit durch den Fortschritt verändert?	••	45
Harte Arbeit *Khalil Gibran*	Harte Arbeit ist Definitionssache	•	46
Tugend und Laster *Wilhelm Busch*	Spaß macht nicht, was moralisch gut ist	•	47
Geschmack *Heinz Erhardt*	Was ist guter Geschmack?	•	47
Tödlich vergnügt *Traditionelle Erzählung*	Ist der Tod eine todernste Sache?	•	48
Geheimnisvoll *Marco Aldinger*	Das Leben ist ein Geheimnis – und bleibt es	•	49

Titel AutorIn	Worum geht es	Vor- lese- zeit	Seite
Gespräch eines Betrunkenen mit einem nüchternen Teufel *Anton Tschechow*	Von arbeitslosen Teufeln, deren Job die Menschen selbst übernommen haben	•••	99
Zum Lachen hat er sich ausgedacht *Marie Noël*	Gott lacht und hat Humor – also kann das auch der Mensch	•	104
Vogelfrei *Wilhelm Busch*	Galgenhumor	•	105
Lottolos *Unbekannter Verfasser*	Glücklich kann nur werden, wer es auch sein will	•	106
Lotusblume *Heinrich Heine*	Auch in der Liebe heilt Humor	••	107
Ansteckend *Unbekannter Verfasser*	Was Lächeln bewirkt	••	109
Mich locken nicht die Himmelsauen *Heinrich Heine*	Das Leben ist schön – auf der Erde, nicht im Jenseits	••	111
Wasser in der Wüste *Phil Bosmans*	Humor ist wie Wasser in der Wüste	•	113
Der kleine Unterschied zwisch. Glück u. Unglück *Christine Nöstlinger*	Was hilft, wenn man unglücklich ist	•	114

Titel AutorIn	Worum geht es	Vor- lese- zeit	Seite
Schenke mir Sinn für Humor *Thomas Morus*	Bitte um ein gutes Leben, zu dem Hu- mor wesentlich dazugehört	•	115
Ich bin ein armer magerer Mann *Karl Valentin*	Die Widrigkeiten des Alltags als Fliegen- gewicht	••	116
Der Einsame *Wilhelm Busch*	Einsamkeit hat auch sehr attraktive Seiten	••	119

Quellenverzeichnis

Wir danken folgenden Autor(inn)en und Verlagen für die freundlich erteilte Abdruckerlaubnis:

Andres, Stefan Die Buße des Don Eufemio, © Erbengemeinschaft Andres

Bosmans, Phil Humor, Wasser in der Wüste, aus: Ders., Sonnenstrahlen der Freude, aus dem Niederländischen übertragen und ausgewählt von Ulrich Schütz, © Verlag Herder GmbH, Freiburg im Breisgau, 9. Gesamtauflage 2003

Erhardt, Heinz Geschmack, aus: „Besinnliches" in Gesammelte Werke, © Lappan Verlag Oldenburg, 2009, Der General und sein Hemd, aus: Das große Heinz Erhardt Buch, © Lappan Verlag Oldenburg, 2009, Die Made, aus: Das große Heinz Erhardt Buch, © Lappan Verlag Oldenburg, 2009

Frankenfeld, Peter Die liebe Verwandtschaft, aus: Humor ist Trumpf, © 1980 F.A. Herbig Verlagsbuchhandlung GmbH, München

Hacke, Axel Autoritätsverluste, aus: Axel Hacke, Der kleine Erziehungsberater, © Verlag Antje Kunstmann GmbH, München 2006

Kästner, Erich Entwicklung der Menschheit, aus: Doktor Erich Kästners Lyrische Hausapotheke, Lehrer, Lehrer, nichts als Lehrer, Auszug aus: Als ich ein kleiner Junge war, © Atrium Verlag, Zürich und Thomas Kästner

Kaléko, Mascha Sozusagen grundlos vergnügt, aus: In meinen Träumen läutet es Sturm, © 1977 Deutscher Taschenbuch Verlag, München

Kishon, Ephraim Ein Vater wird geboren, aus: Arche Noah, Touristenklasse, © 1963 by LangenMüller in der F.A. Herbig, Verlagsbuchhandlung GmbH, München

Noël, Marie Zum Lachen hat er sich ausgedacht, aus: Marie Noël, Erfahrungen mit Gott. Aus dem Französischen von Franziska Knapp, © Matthias-Grünewald-Verlag, Mainz 2005

Nöstlinger, Christine Der kleine Unterschied zwischen Glück und Unglück, aus: Christine Nöstlicher/Jutta Bauer, Ein und Alles, © 1992 Beltz & Gelberg in der Verlagsgruppe Beltz, Weinheim & Basel

Strittmatter, Erwin   Feine Kinder, aus: Der Laden. Roman. Erster Teil, © Aufbau-Verlag GmbH & Co. KG, Berlin 1983 (dieses Werk erschien erstmals 1983 im Aufbau-Verlag; Aufbau ist eine Marke der Aufbau Verlag GmbH & Co. KG)

Valentin, Karl   Ich bin ein armer magerer Mann, aus: Karl Valentin, Gesammelte Werke, © 1985 Piper Verlag GmbH, München

Leider war es uns trotz sorgfältiger Recherchen nicht möglich, alle Rechtsinhaber ausfindig zu machen. Für Hinweise sind Verlag und Herausgeberin dankbar.